봄날의
비단구두

봄날의 비단구두

50년 결혼생활, 75년 생애를 돌아본
세실 여사의 좌충우돌 미셀러니

염정숙 지음

좋은땅

프롤로그

#1

집에 있을 수가 없는 날이 있다. 유독 집이 짐이 되는 날. 설움과 서글픔이 밀물처럼 들이닥칠 때가 바로 그런 날이었다.

숨 쉬는 것조차 힘들고 마음을 주체할 수가 없었다. 이른 아침, 나는 무작정 집을 나왔다. 어디 갈 데라도 있는 양 뛰쳐나왔으나, 막상 갈 곳이 없다. 차에 키를 넣으며 어디가 좋을지 생각해 봤다. 여기저기 떠오르는 곳은 있지만, 약속도 없이 남의 집에 불쑥 가는 것도 예의는 아니다.

의자에 기댄 채 잠시 눈을 감았다. 이토록 갈 곳이 없었던가. 그러다 한참 만에 좋은 장소가 떠올랐다. 차를 몰고 30분 정도 달렸다. 날이 뜨거워서 그런지 찾아오는 사람도 거의 없었다.

"더운데 잘 계셨나요?"

못 들은 것도 아니련만 대답이 없다.

"여기는 편안하신가요?"

여전히 아무 말도 하지 않으신다. 여기에 계시는 그 누구도 대답이 없다. 나도 그만 침묵한 채 귀를 열었다. 삶을 마치신 분들의 침묵이 평안하게 건너왔다.

하늘의 구름도 무심하게 흘러간다. 산속에서 들리는 뻐꾸기 울음소리도 깨끗하다. 망자의 집이 편안하게 느껴지는 건, 내 어머니가 쉬고 있는 곳이라서 그럴까.

나만 너무 무거운 짐을 졌다고 생각하니, 순간순간 못 견디게 괴로웠다. 잠시 속울음을 울다 일어섰다. 돌아오는 길에 누군가 내 등 뒤에서 큰 소리로 외쳐 준다.

'아무것도 아니야. 괜찮아. 힘내. 용기를 내.'

#2

2024년 봄은 내 생애에서 가장 찬란했다.

3년 전 친구들과 사이판에 7박 8일로 여행을 다녀왔다. 그런데 집에 돌아와 보니 39년 동안 직장생활을 해온 내 일자리가 하루아침에 날아가 있었다.

처음에는 어이가 없고 황당했다. 나는 아내이기도 하지만, 개업 이후 주유소 사업을 이만큼 키워 온 동업자다. 평생 게으름 피우지 않고 열심히 살았다. 그런 나를 한마디 말도 없이 해고한다는 게 믿기지 않았지만 사실이었다. 해외여행을 다녀오느라 며칠간 자리를 비웠다는 게 해고 사유였다. 이 사실을 받아들이는 데 많은 시간이 걸렸다.

이젠 돌이킬 수 없는 일이다. 어쩔 수 없이 게으름을 피우거나 느긋함을 맛보고 있다. 결혼생활을 하는 동안 한 번도 경험하지 못했던 일상이다. 그럼에도 가끔씩 나도 모르게 분노가 폭발하곤 한다. 스스로 안정을 찾으려고 노력했지만, 마음 정리가 되지 않았다. 속에서 뜨거운 불 같은 게 수시로 올라왔다.

남편은 젊은 날부터 고집이 아주 세고 누구의 말도 듣지 않는다. 특히 가족의 말은 더더욱 듣지 않으며, 철의 장막을 치고 적대시한다. 수많은 사건 사고를 일으키고도 일말의 미안함도 없고, 되레 가족들에게 상처가 될 만한 언행을 자주 한다. 사무실 상황은 더하다. 직원들은 사장의 이런 허점을 이용해 못된 짓을 하고 있다. 그러나 남편은 감지도 못 하고 그들에게 휘둘리고 있다. 혼돈과 방황의 시간이 흐른다. 나는 갑갑하고 환장하겠는데, 더 이상 해결 방법이 없고 의욕도 상실했다.

2024년 봄, 친구의 사업체를 방문했다. 이런저런 이야기를 하고 있을 때, ○○○ 목사님이 방문해서 기도와 함께 좋은 말씀을 들려주셨다. 내게 위로가 되었다. 문득 목사님은 내게 학교를 가보는 게 어떻겠느냐고 제안하셨다. 그러나 무엇을 배우라는 건지, 자세한 얘기는 듣지 못한 채 헤어졌다.

며칠 뒤 학교에서 연락이 왔다. 특별한 기대 없이 입학식에 참석했다. 그런데 나는 그날 이후 수업을 받으러 강의실을 오가고 있었다. 자그마한 캠퍼스도 예쁘고 강의도 재미있어 흥미가 솟았다. 평생 잊고 살았던 학창시절이 생각나면서 마치 이십 대로 돌아간 것 같았다.

일흔다섯 살 나이에 학교에 다니니 흥분되고 행복했다. 숙제도 꼬박꼬박 해 갔다. 하루하루가 설레고 즐거웠다. 학교 짝꿍을 만나는 것도 덤으로 생긴 선물처럼 느껴졌다. 서로 바라만 봐도 좋았다. 그 후 나를 보는 친구들마다 내 얼굴이 많이 편안해 보인다고 인사한다. 특히 글을 쓰는 활동이 마음을 정리하는 데 도움이 되고 좋았다. 그러고 보니 지금 주어진 이 시간들이 다시 오지 않을 내 생의 봄날이었다.

근데 이 좋은 봄날에 왜 눈물이 날까. 눈물을 보이면 내 인생이 무너지는 것 같아 평생 참고 살아왔다. 한데 이상하다. 꽉 조여 있던 나사가 풀린 듯하고 악바리처럼 힘주며 살아오느라 굳어버린 가슴이 녹아내리고 있다. 무장해제가 된 것일까. 그런데 이런 내가 싫지 않다.

#3
언젠가 감리교단의 어느 교회에서 자살 예방 교육을 받은 적이 있다.

그날 귀에 날아온 강사의 한마디는 내 명치를 관통하며 예리하고도 시원한 금언으로 가슴에 와 박혔다.
"가족이나 타인들에게 너무 헌신하지 마세요. 헌신하면 반드시 헌신짝이 됩니다. 헌신은 자기 자신에게 하세요."
온몸에 소름이 끼치면서 지나온 나의 삶이 파노라마처럼 스쳐 갔다. 일생을 헌신했더니 결국 헌신짝이 돼 버린 내 삶의 형국을 그즈음 누구보다 생생하게 마주하고 있던 나였다. 아무도 모르게 삶을 끝내려는 궁리를 하고 있었기에, 내게 더 깊은 울림과 회한을 안겨 주었다.
그러나 이제 나는 헌신짝이 아니다. 헌신짝들을 재활용하여 새로운 비단구두를 만들고 있는 중이다. 이 비단구두를 신고 봄날의 화사한 꽃길을 걸을 생각이다.
내가 걸어 온 76년의 역사 속엔 근사한 추억들이 빼곡히 자리하고 있을 거라는 믿음이 있었다. 그러나 너무 애쓰며 살아온 내 시간 속엔 상흔이 더 많다는 걸 글쓰기를 하며 깨달았다. 과거의 상처들로 인해 뾰족이 날선 내 마음을 어루만져주며 가벼워지고자 시작한 글쓰기가 이제는 내 삶의 한 축을 이룬 듯하다.
나는 글쓰기가 좋았다. 뭔가 마음 가는 대로 끄적거리다 보면, 나라는 사람이 눈앞에 새겨지는 것 같아 재미도 있었다. 내가 꺼내 놓는 이야기에 어떤 이는 웃고 어떤 이는 박수를 쳐 준다. 신기한 것은 비록 상처였을지라도 쓰고 또 쓰다 보니,

상처의 골이 메워지더라는 점이다. 어떤 상처는 흐려지고 어떤 상처는 더 이상 아프지 않다. 모든 상흔이 깡그리 지워지진 않겠지만, 내 생애 마당에 무성하게 엉켜 자란 잡풀을 뽑아내고 고운 정원이 만들어질 때까지 열심히 글을 쓰겠다. 그리고 얼마 남지 않은 인생, 나만의 계획을 세우고 버킷 리스트를 만들어 생활하려 한다.

'온통 상처일 뿐, 무에 자랑할 게 있다고 책을 내느냐'며 애정 어린 핀잔을 주던 친정 여동생과는 달리, 어미의 글쓰기에 조용히 응원을 보내 주는 두 아들에게 고마운 마음 전한다.

가을바람이 분다. 살아 봐야겠다.

2025년 9월 15일 염정숙

차 례

프롤로그 • 5

챕터 1 봄꽃의 겨울나기

깡숙이의 아이스케키 • 16 작은 숙녀 • 19
요술쟁이 시어머니 • 23 미국 거지 • 25 시아버지 • 29
바나나 • 35 탕수육 • 38 고추가 떨어진 아이 • 42
꿀 전쟁 • 45 번개 결혼 • 49
첫 경험(1) • 51 첫 경험(2) • 53 헌신짝 • 56

챕터 2 세실 여사의 슬기로운 생활

세실이라고 불러 • 60 전화 요금 13,200원 • 62
전화 요금 이후 • 68 우산 • 70
나는 미스 NO입니다 • 75 남편의 딸 • 78 보은 • 81

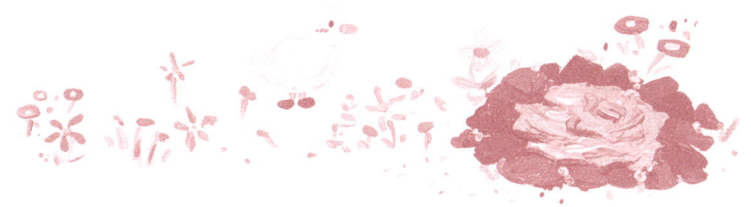

챕터 3 파랑새는 어디에

컵라면 • 86 너를 처음 만난 날 • 89 첫아이의 장염 • 91
산삼 후유증 • 95 아버지의 용기 • 99 홍해삼 • 103
짝사랑 • 106 편지 • 111 최고의 커피 • 114 친할머니 • 117
엉덩이에 뿔 난 시어머니(1) • 119 엉덩이에 뿔 난 시어머니(2) • 122
모녀의 대화 • 125 된장의 부활 • 127

챕터 4 돈이 따라붙는 여자

땅따먹기 • 132 사기꾼 • 136
시이모의 아파트 • 142 보물, 내 골동품 • 147
선물(1) • 149 선물(2) • 152 선물(3) • 154

챕터 5 장미의 전쟁

두 번 사망한 시어머니 • 160   오십만 원 • 165
정년퇴직 • 167   살인의 마음 • 170
그날, 아들의 아버지 • 173   말이면 다야? • 176
도무지 모르겠다 • 180   언 놈이야 • 182
그 남자와 그 여자가 사는 법 • 184

챕터 6 사노라면

생일 밥상 • 188   칠순 생일잔치 • 191
남의 손에 몸을 맡기는 여자 • 194   여행 에피소드 • 198
생과 사 • 203   스마트폰의 부재 • 206
구연동화 봉사 • 208   남의 편에게 감사 • 211
미안합니다 • 214

에필로그 감사합니다 • 216

챕터 1

봄꽃의 겨울나기

깡숙이의 아이스케키 • 16

작은 숙녀 • 19

요술쟁이 시어머니 • 23

미국 거지 • 25

시아버지 • 29

바나나 • 35

탕수육 • 38

고추가 떨어진 아이 • 42

꿀 전쟁 • 45

번개 결혼 • 49

첫 경험(1) • 51

첫 경험(2) • 53

헌신짝 • 56

깡숙이의 아이스케키

❋ ❋ ❋

열다섯 살, 중학교 3학년 여름방학이었다. 그해 여름 가족과 뚝섬으로 물놀이를 갔다가 재미난 걸 봤다. 아이스케키(아이스케이크(Ice cake)의 일본식 발음) 장사였다. 예닐곱 살 정도의 애들이 커다란 케키통을 어깨에 메고 '아이스케키'를 외치며 장사를 하고 있었다. 무척 신나고 재미있어 보였다.

어릴 때부터 원체 궁금한 게 많은 성격이라, 내가 한번 해 봐도 좋을 성싶었다. 그래도 막상 혼자 하자니 자신이 없어 친구 현숙이를 끌어들였다.

"현숙아, 우리도 아이스케키 장사 한번 해 볼래?"

"좋아. 재밌겠는데."

현숙이도 순순히 동의했다. 다음 날 오전 아홉 시쯤 만난 우리는 우선 한나절만 해 보기로 했다. 아이스케키 50개를 다 팔면 반이 남는 장사이니 해볼 만했다. 이게 웬일인가. 날이 더워서인지 금세 다 팔렸다. 팔면서 우리도 케키를 쭉쭉 빨아 먹었다. 꿩 먹고 알 먹기였다.

그런데 그때 한 무리의 아이들이 몰려왔다.

"누나들 땜에 우리 장사가 안 되잖아요. 교복 입고 학교도

다니면서 뭐가 부족해서 우리 장사를 뺏어요?"

아이들은 우리를 쏘아보며 항의를 했다. 이 아이들의 볼멘소리를 듣고 보니, 그럴 만도 했다. 아이들의 옷매무새에서 생활이 어려운 티가 났다.

우선 우리가 마케팅을 잘했던 것 같다. 예쁘장한 여학생 둘이 단정히 교복을 입고 장사하니, 사람들의 시선을 많이 끌었던 모양이다. 그런데 이게 누군가에게 폐가 됐다니 미안했다. 그렇다고 여기서 재미난 장사를 접는 건 너무 허무했다. 우리는 한발 양보하면서 타협을 했다.

"우리가 한 통(50개)만 팔고, 그다음에는 너희들 것을 같이 팔아 줄게."

그러자 아이들이 좋다고 했다. 그래서 장사는 며칠 더 늘어났다.

우리가 3주 정도 뚝섬에서 장사를 했는데, 우리를 눈여겨 본 사람들이 있었다. 일간지 신문기자가 우리를 취재해 갔다. 뭐가 뭔지도 모르고 우리가 하는 일을 이야기하며 즐거워했다. 며칠 후 일간지 사회면에 나와 현숙이 사진이 실렸다. 어려운 형편에서도 학비를 벌기 위해 학업과 장사를 병행하는 훌륭한 학생이라는 기사였다. 이번엔 또 다른 곳에서도 우리를 취재하겠다고 했다. 사실 가족들도 나와 현숙이가 그러고 다닌 걸 그때까지는 모르고 있다가 신문기사를 보고 알게 됐다. 집안 식구가 모두 말려서 더 이상 아이스케키 장사를 할 수가 없었다. 그때 번 돈으로 나는 가족들의 양말을 한 켤레씩 샀다. 이후 정숙이라는 내 이름 뒤에 깡숙이란 별칭이 하나 더 얹어졌다. 그때 나는 장사의 묘미를 처음으로 맛봤다.

이제 내일모레면 80살을 바라보는 나이지만, 풋풋했던 나의 10대를 떠올리면 가장 먼저 생각나는 추억이다. 60년이 넘은 우정을 이어 온 내 친구 현숙이도 보고 싶다. 추억으로는 나도 결코 뒤지지 않는 부자다.

작은 숙녀

❀ ❀ ❀

 오늘은 데이트 약속이 있다. 아침부터 분주하다. 엄마 방에 여러 번 몰래 들어갔다. 엄마 로션을 바르고 또 바른다. 거울 속의 내 모습은 예뻤다. 순덕 언니의 손길도 바빠졌다. 갈래머리를 촘촘한 빗으로 쓸어 올리고 귀 윗머리부터 꾹꾹 눌러가며 땋아 준다. 아프지만 참았다. 머리숱이 많아 땋은 머리가 통통하니 예쁘다.
 "이제 곧 잘라야 하니까, 마지막으로 빗어 준 거야."
 13살이 된 나는 열흘 뒤에 중학교 입학식을 갖는다. 이번 주말에는 지금의 긴 머리를 단발머리로 바꿔야 한다. 어색하고 쑥스러워 차일피일 미뤄 왔지만, 이제는 어림없다.
 나는 마음에 드는 옷을 찾으려고 빙을 온통 뒤집어 놓았다. 아직 날씨가 추운데, 계절 감각이 없던 나는 방 안 가득 옷이란 옷은 죄다 꺼내 늘어놨다. 순덕 언니가 비명을 지르더니, 한 무더기의 옷을 마루에 내던졌다.
 "야, 너 미쳤니? 이 여름옷은 뭐야. 배 사 먹으러 가냐?"
 꽃 핀다는 3월이 일주일밖에 안 남았지만, 아직 봄은 아니다. 순덕 언니는 도끼눈을 하고 나를 흘겨본다. '메롱' 나는 혀를 내밀며 잡히지 않으려고 달아났다.
"내가 미쳐. 야, 데이트 두 번만 나갔다간 난리 나겠다."
순덕 언니는 나를 다시 붙잡아 빨간 스웨터와 똑같은 조끼 그리고 검정 모직 바지와 모직 코트를 입혀 주었다.
"추우니까 따뜻하게 입어야지."
이번엔 나도 순덕 언니의 당부에 조용히 입을 닫고 있었다. 항상 언니가 잘 알아서 챙겨 주었기 때문이다. 어깨에는 크로스로 된 작은 가방까지 멨다. 무엇이 들었나 보니 손수건과 캐러멜이 있었다. 나는 이 방 저 방으로 뛰어다니며 거울을 보고 또 봤다.

그날 나의 데이트는 온 집안이 다 아는 공식적인 일정이다. 나는 택시를 타고 약속 장소인 반도호텔로 갔다. 반도호텔은 지금의 조선호텔이다. 커다란 석조 건물이었다. 나는 이리저리 왔다 갔다 했다. 드디어 내 데이트 상대가 나타났다. 그는 내 손을 잡았다.
"추웠지? 들어가자."
호텔 안 로비를 지나 양식당에 들어간 나는 생경한 실내 풍경을 구경하느라 두리번거렸다. 점심시간이어서인지 사람들이 꽤 많이 있었다. 작은 웃음소리와 음악 그리고 소곤거리는 말소리, 신기한 듯 내 두 눈은 더욱 커졌다.
"이런 곳은 처음이지? 너도 이제 숙녀가 됐으니 이런 데도

와 봐야지."

멋진 분위기에 압도된 나는 그 말이 귀에 들리지도 않았다. 그때 종업원이 물 잔을 가져다주며 한마디 건넨다.

"아가씨는 좋겠네. 아빠와 단둘이 외식도 하고. 따님이 참 예쁘네요."

내 테이블 위에 스테이크라는 생소한 음식이 놓였는데, 어떻게 먹는지 몰라 쳐다보고만 있었다. 포크와 나이프로 먹는 법을 설명해 줬지만, 그마저도 익숙지 않아 입으로 들어가는 것보다 접시 부딪히는 소리만 요란하게 났다. 아버지는 내 고기를 깍둑썰기로 먹기 좋게 해 주셨다. 평상시에 집에서 먹던 음식이 아니어서인지 맛있었다. 나는 두 발을 까딱거리며 신이 났다. 내 생애 가장 맛있었던 스테이크였다.

식사가 끝날 즈음 아버지가 내 눈을 지그시 바라보셨다. 13살 때의 나는 형제자매 중에 제일 작았다. 게다가 고집도 세고 개구쟁이였다. 욕심도 많아서 지는 것이 용납되지 않았고, 양보라는 건 내게 있을 수 없는 일이었다. 타고난 기질이 그랬다. 그동안 내가 집안에서 보여 준 여러 문제점으로 인해 그날 그 자리에 불려 온 것이다.

아버지는 내 장점과 단점을 조용조용 말씀해 주셨다. 이제는 숙녀가 됐다며 숙녀가 지켜야 할 덕목을 알려 주셨다. 차라리 큰소리로 무섭게 말씀하시면 소리를 지르거나 땡깡을 부리겠는데, 이렇게 웃으며 말씀하시니 무조건 들어야만 할 것 같았다.

"이제 말 잘 들을게요."

내 항복을 들으신 아버지가 이제야 껄껄 웃으신다. 나도 왠지 기분이 좋아져서 덩달아 웃었다. 말을 잘 듣겠다고 하니 선물도 주시겠단다. 그때 난 시력이 좋지 않아서 자주 눈을 찡그리곤 했다. 아버지와 손을 잡고 안경원에 가서 검안을 하고, 당시로서는 파격적인 흰색 안경테를 골랐다. 안경은 후에 아버지가 찾아오시기로 하고, 나는 다시 택시를 타고 집으로 왔다. 그날부터 나는 착한 숙녀가 되었다.

가정의 달이 되고 보니, 부모님을 둘러싼 이러저러한 생각이 떠오르면서 그리움이 밀려온다. 나를 키우신 아버지, 내 남편을 키우신 시아버지. 내 아이들의 아버지…. 나는 세상의 모든 아버지들이 똑같은 줄 알았다. 하지만 아주 많은 세월이 흐른 뒤에 알게 되었다. 지구상의 아버지들이 모두 똑같지 않다는 것을.

요술쟁이 시어머니
❋ ❋ ❋

　초여름 어느 날, 나는 장독 항아리를 돌보고 있었다. 간장독을 열어 보니, 간장이 똑 떨어졌다. 다른 항아리를 열어 봐도 간장은 없었다. 시어머니께 갔다.
　"어머니, 간장이 다 떨어졌네요."
　"만들어야지."
　간장이 되려면 최소한 일 년을 기다려야 하는데, 너무 간단하게 말씀하신다. 아무것도 모르는 나는 그런가 보다 했다.
　잠시 후, 외출하셨던 시어머니는 진간장 4병을 사 들고 오셨다. 그리고는 뒷마당 무쇠 솥이 있는 데로 가신다. 뭐지? 나는 고개를 갸우뚱했다. 어머니는 무쇠 솥을 씻고 가마솥에 불을 지피셨다. 데워진 솥에 진간장을 부으니 찌익 하며 부글거리는 소리가 요란하다. 한 병, 두 병, 세 병 그리고 마지막 네 번째 간장까지 다 붓는다. 뒤이어 양동이로 펌프 물을 받아오시더니 그것도 단숨에 부어 버린다.
　6월 중순의 해가 뜨겁다. 아궁이 앞에 앉아 불을 지피려니, 얼굴이 얼얼하고 몹시 더웠다. 시어머니는 손잡이가 달린 플라스틱 바가지로 굵은소금을 두어 번 퍼 오시더니 솥에 붓고

휘휘 젓는다. 조금 떠서 간을 보시더니 싱거운지 다시 소금 한 바가지를 더 퍼서 붓고는 됐다는 표정을 지으셨다.

"끓어 넘치지 않게 잘 지키고 있어라."

시어머니는 다시 나가셨다. 잠시 뭐에 홀린 듯하다. 조선간장을 이렇게 만드는 것은 난생처음이다. 친정에서 간장 담그는 광경을 자주 봐서 잘 안다. 얼마나 많은 정성과 시간이 흘러야만 전통 간장, 된장, 고추장이 되는지 말이다. 그런데 콩 볶듯 간장이 완성되는 걸 보니, 처음엔 어이가 없다가 나중엔 슬슬 재미있기까지 하다. 불을 지키고 있던 나는 간장이 펄펄 끓어오르자, 장작들을 빼내고 빨갛게 달아오른 숯으로 뜸들이듯 은근히 끓였다.

저녁때가 돼서 돌아오신 시어머니는 간장이 다 식었으면 항아리에 옮겨 부으라 하신다.

"어머니, 이게 조선간장이에요?"

"그래."

한나절도 안 돼서 조선간장을 뚝딱 만들어 내시는 시어머니. 맛이야 어찌 됐든 기상천외한 제조 방법이다. 역시 시어머니는 요술쟁이시다.

그다음 해부터는 내가 친정에서 보고 배운 전통 방식으로 된장, 간장, 고추장을 만들었다. 나는 요술쟁이가 아니니까. 결혼한 첫해에 있었던 일이다.

미국 거지

❋ ❋ ❋

　나는 피부 좋은 친정 부모님 덕에, 지금껏 피부과 한번 안 가고 비싼 화장품 하나 안 써도 피부 곱다는 소리를 자주 들었다. 나이 팔십에 가까운 요즘에도 곱다는 칭찬을 들을 정도니, 젊은 시절에는 더 말해 뭐하겠는가. '백옥미인'으로 불렸는데, 그것이 문제였다.
　며느리가 미우면 발꿈치도 밉다고 한다. 나는 어쩌자고 피부가 고와서 시어머니로부터 미움을 샀다. 로션 하나 바르는 게 전부인 날 보고 시어머니는 '화장을 지우면 너나 나나 똑같다'고 자주 얘기하셨다. 결혼식 날 이후 색조 화장을 해 본 적이 없는 나였다.
　1970-80년대에는 화장품 방문 판매가 유행했다. 화장품 아주머니가 우리 집에도 다녀가곤 했다. 당시에도 시어머니는 그 비싼 설화수를 쓰고 있었다. 그런데 돈은 날더러 내라신다. 나는 그게 무척 비싼 화장품이란 걸 그때 처음 알았다. 나는 오천 원짜리도 비싸서 마트 로션을 바르는데, 시어머니는 효자 아들을 두신 덕에 그 비싼 화장품을 척척 쓰고 계셨다. 나는 군말도 못 하고 화장품 값을 지불했지만 속이 쓰렸다.

할머니가 된 연세에도 얼굴을 가꾸는 시어머니의 노력은 가상했다. 그러나 돈을 아무리 쏟아부은들 바탕이 바뀌진 않는다. 그러다가 대사건이 벌어졌다.

어느 날 시어머니는 원숭이 볼기짝처럼 새빨개진 얼굴로 나타났다. 깜짝 놀랐다. 박피라는 시술을 피부과에서 반나절 동안 받고 오신 것이다. 당시 시술비가 삼백만 원이 넘었다. 나는 쳐다보기만 해도 무서워서 입을 다물고 있었다. 벌겋게 한 꺼풀 깐 얼굴을 보니 속이 다 울렁거렸다.

그런데 이해할 수 없는 건 남편이었다. 예뻐지겠다는 시어머니의 욕심에 그 큰돈을 선뜻 내줬다니 어이가 없었다. 그때 시어머니 나이가 76세였다. 그러나 남편의 반응에 나는 두 번 놀라고 말았다.

"그 연세에 예뻐지려는 어머니의 마음이 너무나 예쁘잖아."

이런 호랑말코 같은 말이 어디 있나 모르겠다.

그 후 시어머니는 거의 일 년이나 선글라스에 스카프를 두르고 챙 있는 모자에 양산까지 받치고 외출했다. 예뻐지려면 고생도 해야겠지만, 늙은 피부는 쉽게 재생되지 않아 고생을 더 많이 했다. 동네 사람들은 저 집 할머니 왜 그러냐고 야단이다.

"박피가 뭐야?"

젊은 나도 들어 본 적이 없는데, 시골 동네 아주머니들은 오죽하랴. 온 동네를 돌아다니며 물어도 누구 하나 박피 시술이 뭔지 아는 사람이 없었다. 다만 원숭이 똥구멍 같다고들 했다. 엄청나게 많은 돈을 쓰고도 온 동네의 가십거리만 됐다.

그뿐 아니다. 시어머니의 모습을 보고 동네 아이들은 어디 만화에 나오는 미국 거지의 모습과 닮았다고 했다. 순식간에 시어머니는 미국 거지라는 별명까지 얻었다. 시어머니는 일 년여 동안 재생 치료를 받고 다녔지만, 원래 검은 피부는 그대로였다. 곰보가 보조개로 변할 수는 없지 않은가.

어쨌든 우리 부부는 시어머니 때문에 여러 번 다퉜다. 처자식에게는 한없이 인색하면서 자기 어머니에게만 그리도 관대한 남편의 태도가 비위에 거슬렸다. 시어머니 때문에 집안이 시끄러워도 변화는 없었다. 효자 아들을 둔 덕이다.

그럴 때마다 큰아들이 날 위로했다.

"엄마, 걱정하지도 부러워하지도 마세요. 제가 돈 벌어서 엄마 얼굴을 홀딱 까 드릴 테니까."

그런 말을 아무렇지도 않게 말하기에 나도 크게 웃었다.

"그래, 고맙다. 그때 보자."

며칠 전 큰아들에게 그 시절 이야기를 했더니, 손뼉을 짝짝 치며 웃는다.

"엄마는 아직 이뻐. 그런 거 안 해도 훌륭해요."

한참을 아들과 웃었다. 우리 모자에게 웃음을 주고 가신 시어머니다. 세상 어디서 이런 이야기를 하겠는가. 시어머니께 대한 처음이자 마지막 고마움이다.

'어머니, 거기서도 열심히 분세수 단장을 잘하고 계시는지요?'

시아버지

❋ ❋ ❋

　결혼해서 4년을 시아버님과 함께 지냈다. 그 짧은 시간 속에도 행복했고 감사했고, 슬프고 가슴 아픈 일이 뒤섞여 있다. 그래도 시아버님을 생각하면 나쁜 기억보다는 좋았던 일이 더 많다.

　시아버지께선 항상 부지런하셨고 당신의 매무새를 깨끗이 하셨다. 며느리가 펌프질도 못 하고 마중물마저도 없애 버리는 게 안타까웠는지, 양동이와 고무통 등을 비롯해 집에 있는 빈 통마다 잔뜩 물을 길어 주셨다.

　그런데 이런 시아버지께서도 결정적인 단점이 있었다. 일 년에 평균 서너 번 정도 약주를 드시면 온 집안은 물론 동네까지 비상이 걸리게 했다. 술 주사는 하루 이틀이 아니라, 열흘 혹은 이십 일까지도 갔다. 섭섭한 놈, 말대꾸 한 놈. 미운 놈 등 당신이 싫어하는 대상을 향해 욕설을 퍼붓고 폭력을 행사하셨다. 그리고 그 끝에는 늘 식사 거부와 술이 이어졌다. 그러니 건강은 엉망 그 자체일 수밖에 없었다.

　그때마다 식구들은 시아버님의 식사 문제로 난리였다. 번번이 식사를 거부하시니 하루에도 열두 번씩 밥상이 안방으로 들어갔다 다시 나왔다. 누가 어떤 말로 간청해도 시아버지는 뜻을 굽히지 않으셨다. 그러다 결국엔 쓰러지거나 기력이 쇠해 병원에 입원을 해야 '거식 투쟁'이 끝났다. 평소에는 음주를 절제하다가도 한번 입에 대면 이 난리가 나는 것이다.

  나도 이 모습을 서너 번 정도 목격했다. 친정에서는 듣도 보도 못했던 모습인지라, 시아버지가 술을 드시면 무서워서 방에 숨어 있거나 강가에 앉아 있다 오곤 했다. 시어머니는 그런 나를 보고 유난을 떤다며 뭐라 하시지만, 내가 할 수 있는 것은 아무것도 없었다. 다만 나도 며느리인지라 도리를 다하느라 몇 번 밥상을 들고 들어가기는 했다. 그러나 내가 무얼 할 수 있었겠는가. 그저 기어들어 가는 목소리로 식사하시란 말을 하고, 반응을 기다리다가 '나가라' 하시면 바로 상을 들고 나오는 식이었다.

  그런데 이번에는 시어머니가 내게 시아버님 식사를 책임지라고 하신다. 당신들도 평생 못한 일을 날더러 하라니 부담이 컸다. 둥근 소반에 멀건 죽, 간장, 물김치, 숭늉, 수저가 올려져 있는 상이다. 오늘도 벌써 세 번이나 들고 들어갔지만, 세 번 다 쫓겨났다. 그래도 식구들은 애꿎은 나만 자꾸 밀어붙인다.

  시아버지가 식사를 안 한 지 벌써 2주가 지났다. 이번에도 등 떠밀려 억지로 들어갔는데, 벽을 바라보고 누워 계신다.

  "아버님, 식사하세요."

역시 아무런 대꾸가 없다. 주무시는 것 같았다. 실패라 생각하고 도로 나가려고 무릎으로 걸어 상을 밀고 가다 혹시나 해서 한번 돌아봤다. 시아버님은 미동도 하지 않고 그대로 벽을 향해 누워 계셨다. 그런데 이상한 일이다. 순간 나는 어떤 말이라도 하고 싶었다. 밥상을 놓고 무릎과 두 손으로 엉금엉금 기어가 시아버님 옆으로 다가 앉았다.
"아버님, 제가 한 말씀 드려도 될까요?"
어렵게 말문을 열었다. 그래도 아무런 대답이 없었다.
'주무시나?'
그러나 이왕 말이 터졌으니 마저 해야 속이 시원할 것 같았다.
"제가 한 말씀만 드리고 싶어요."
나도 내가 왜 그랬는지 모르겠다. 시집 온 지 이제 일 년 조금 지났는데, 언감생심 간이 부었나 보다. 나는 잠시 숨을 고르고 방금 떠오른 생각을 천천히 말했다.
"아버님, 저는 아버님이 왜 이러시는지 잘 모르겠어요. 제가 아버님과 같이 산 시간은 얼마 안 됐지만, 이런 모습을 벌써 여러 차례 뵈었어요. 이렇게 식사도 안 하시고 약주만 잡수시다 정말 큰일이 나면, 한평생 같이 산 어머님은 아버님을 어떻게 기억할까요? 남은 사람의 기억은 그렇다 치고, 어머님이 아버님을 어떻게 기억하시길 바라는지 아버님께선 생각해 보셨어요? 또 아들은 아버지를 어떻게 기억해 줄지 생각해 보셨어요? 또한 며느리인 제가 어떤 시아버지로 기억할지 한 번은 생각해 보세요. 아버님이 술을 그렇게 드시니, 술로 돌아가신 걸로만 기억이 될 것 같아요. 슬픈 일이에요…."

이렇게 주저리주저리 하다 순간 정신이 들었다.

'내가 무슨 소릴 하는 거야,'

망치로 머리를 한 대 맞은 듯 아찔했다. 시아버님은 한 번도 내겐 폭언이나 횡포를 부리지 않으셨지만, 다른 사람에게는 주먹이 법보다 가까운 분이셨다. 평소에도 아버님이 "밥" 하시면, 그냥 상 따로 밥 따로 반찬 따로 무조건 들고 출동을 해야 했다. 만약 상에 차려서 가려고 잠시라도 시간을 끌면 "늦었다" 하며 그 상은 날아간다. 그토록 성질이 급하셨다. 그런 분 앞에서 새파란 며느리가 지금 무슨 말을 하고 있단 말인가.

난 도망갈 생각에 네 발로 기었다. 무릎으로 엉금엉금 기어 나가려는데, 아버님이 벌떡 일어나신다. 숨이 막혔다. 이제 나는 죽었구나 싶었다.

'이놈의 입이 문제야. 왜 그런 말을 한 거야.'

엎드려 숨도 못 쉬고 있는데 소리가 들렸다.

"상 가지고 와라."

순간 너무 놀라 나도 모르게 대꾸를 했다.

"…다시 데워야 하는데요."

침을 꼴깍 삼키며 기어들어 가는 소리로 답을 했다.

"괜찮다."

나는 다리가 떨려 차마 상을 들지도 못하고 질질 끌다 아버님 앞에 놓았다. 그러자 아무 말씀 없이 수저를 드시더니, 식어서 꾸덕꾸덕해진 죽을 떠 드신다. 침묵이 흐르는 가운데 계속해서 수저 뜨는 소리만 들렸다.

"잘 먹었다. 들고 나가거라."

어떻게 상을 들고 나왔는지 생각이 나지 않는다. 밥상을 방문 밖에 내놓고 나는 헛것을 본 듯 휘청거리며 내 방으로 들어왔다. 구석진 곳에 붙어 쪼그리고 앉았는데, 머리는 아프고 가슴은 콩닥콩닥 뛰며 진정이 되질 않았다. 시어머니와 남편이 들어와 어떻게 된 거냐고 물었지만, 나는 아무 대답을 할 수가 없었다.

"일단 잘했다. 잘했어."

시아버님은 식사 후 다시 주무셨다. 온 동네에 며느리가 시아버지 밥을 먹게 했다는 소문이 돌았다. 후폭풍을 감당할 재간이 없어 한동안 걱정을 많이 했지만, 시아버님은 아무 일 없다는 듯 이전과 똑같이 나를 대해 주셨다.

그 후 시아버님은 돌아가실 때까지 약주도 끊으시고 아무런 내색을 안 하셨다. 나 또한 누가 물어봐도 가슴에 묻고 '그냥 드셨다'고만 반복했다. 내가 그날 안방에서 시아버지께 드린 말을 발설하는 것은 죄악인 것 같았다. 가족들이 수시로 물어

봤지만 한마디도 하지 않았다. 어린 마음에도 시아버님의 인격을 존중해 드린 것 같아 지금 생각해도 뿌듯하다. 아버님과의 영원한 비밀이다.

바나나

❋ ❋ ❋

　지금은 제일 흔한 과일 중의 하나가 바나나이지만, 70년대엔 쉽게 먹을 수 없었던 귀하디귀한 과일이었다. 나는 어릴 적에 그래도 풍족한 집에서 자라 과일을 자주 먹었다. 특히 바나나도 우리 집에선 그리 낯선 과일이 아니었다. 그러나 시골에서는 이런 과일이 있다는 것도 모르는 사람이 많던 시절이었다.
　첫아이를 임신했을 때 남들은 입덧으로 먹지 못해 고생을 한다는데, 나는 아주 잘 먹는 게 입덧이었다. 눈앞에 있거나 머릿속에 생각나는 것이 있으면, 바로 먹어야만 했다. 그런 나를 보고 사람들은 이상한 임산부라 했다. 무엇이든 가리지 않고 너무 잘 먹었기 때문이다. 나는 거의 매일 먹고 싶은 것들을 노트 한 페이지에 적어 붙여 놨다. 어느 날엔 번데기까지 적어 놓으니 모두들 질색을 한다. 남편보다는 시아버지가 더 잘 챙겨 주셨다.
　하루는 오늘은 뭘 먹고 싶으냐며 말하라 하신다. 며칠 전부터 바나나가 먹고 싶다고 말씀드렸다. 바나나가 어떻게 생긴 거냐고 물어보신다. 자세히 설명을 해 드렸지만 당신은 잘 모르겠다 하셨다. 저 멀리 바다 건너 더운 나라에서 자란다 하니 한숨을 쉬셨다. 그럼 서울에 있냐고 물으신다. 있다 하니 서울에 물건 하러 갈 때 챙겨 줄 터이니 좀 기다리라 하신다.

언제쯤 서울에 가실지 기다렸지만, 좀처럼 기미가 보이지 않았다. 나는 종이에 '바나나 먹고 싶어.' 하며 '바나나'라는 글자를 쓰고 또 썼다. 몇 장이나 쓴 걸 보신 시아버님께서 며칠 뒤에 서울 가야겠다고 하신다. 나는 그날을 손꼽아 기다렸다.

그런데 서울을 다녀오신 시아버님의 손에는 바나나가 들려 있지 않았다. 무척 섭섭했다. 시누이네 아이들의 옷을 사 오셔서 조카에게 입히며 즐거워하신다. 나는 머쓱해하며 그 모습을 바라보다가 사 오신 물건들을 정리하고 있었다.

잠시 뒤 시아버님이 다가와서 나일론 줄로 친친 감은 솥단지를 건네주시며 부엌에 가져다 정리하라 하신다. 두 손으로 솥을 들고 가는데 솥 안에서 뭔가가 이리저리 구르는 게 있었다. 갑자기 마음이 조급해져서 빨간 줄을 풀기 시작했다. 너무나 촘촘히 묶여 있어 줄을 푸는 데 시간이 꽤 걸렸다. 솥뚜껑을 열어 보니 비료 포대 종이에 바나나가 들어 있었다. 바나나 향이 코끝에 감겼다.

누가 볼세라 나는 바나나 뭉치를 가슴에 안고 얼른 내 방으로 들어갔다. 앞뒤 생각할 겨를도 없이 바나나 다섯 꼭지를 순식간에 다 먹었다. 꿀맛이었다. 다 먹고 나니 그제야 걱정이 되기 시작했다. 어른 드실 것을 챙기지 않고 나 혼자 다 먹은 것도 걱정이고, 또 이 많은 껍질을 어떻게 처리해야 하나 고민이 됐다. 집안 그 어디에도 버릴 곳이 없었다. 껍질을 누런 종이에 꼭꼭 싸서 두 손에 쥐고는 안절부절못하고 있었다.

그때 문 밖에서 시아버님이 기침을 하신다. 나도 모르게 침이 꼴깍 넘어간다.

"얘, 아가! 다 먹었으면 그 쓰레기 이리 다오. 내가 저 집 밖에 버리고 오마."

황급히 문을 열고 쓰레기를 내드리는데 무척 부끄러웠다.

"죄송해요. 너무 맛있어서 제가 다 먹었어요."

"너 먹으라고 가져온 것이다. 괜찮다. 냄새가 좋구나."

시아버님은 외손주들도 안 주고 나만 주려고 일부러 솥 속에 넣어 오신 것이다. 또 솥을 정리하라며 날 내보내신 것도 아버님다운 멋진 작전이었다. 나를 위해 주신 시아버님의 배려가 두고두고 감사했다.

그 귀한 바나나를 먹고 나는 첫딸을 낳았다. 지금도 마트나 백화점 과일 코너에서 바나나를 보면 시아버님이 생각이 난다. 다만 50년 전 그때처럼 이젠 그렇게 좋아하지도 않고 잘 먹지도 않지만 말이다.

탕수육
✿ ✿ ✿

 오랜만에 두 아들과 점심식사를 하기로 했다. 점심 메뉴로 무얼 먹을까 하다가 자장면으로 합의를 봤다. 아들들이 잘 안다는 중국집으로 갔다. 자장면과 탕수육을 주문했다. 부먹이냐 찍먹이냐 서로 논쟁을 하는 사이에 먹음직스런 탕수육이 나왔다. 큰아들은 찍먹이고 나와 작은아들은 부먹이다. 모처럼 아들들과 먹는 탕수육은 역시 맛있다. 그러다가 두 아들이 킥킥 웃는다. 탕수육에 얽힌 이야기 때문이다.

 시집으로 들어온 지 꼭 11일이 되던 날, 시어머니가 돼지고기 1근을 주며 저녁에 탕수육을 해서 먹자고 한다. 신문지에 돌돌 말아 가져오신 고기를 우선 부엌에 가서 그릇에 담아 놨다.
 '밥도 처음 해 보는 내게 설마 탕수육을 하라는 것은 아니시겠지.'
 한데 그건 내 오산이었다. 눈만 껌뻑거리며 서 있는 내게 시간 없다며 어서 서두르라고 다그치신다. 나는 내 방으로 들어와 결혼할 때 가져온 '요리 백과'를 꺼내 탕수육 만드는 법을 몇 번이나 읽고 외웠다. 평생 사 먹었던 탕수육을 이제 시집 온 지 며칠도 안 된 며느리 보고, 가르쳐 주지도 않은 채 만들라 하니 이해할 수가 없었다. 그러나 할 줄 모른다고 말하고 싶지도 않았다. 속으론 잘 해내고 싶었다. 몇 번이고 요리 내용을 주입하고 부엌으로 갔다.

고기를 고르게 썰고 약간의 간을 한 후 밀가루를 입혀 1차 튀기기까지 마쳤다. 세 시쯤 시작했는데 벌써 여섯 시가 다 돼 간다. 이제 새콤달콤한 소스를 만들 차례다.

전분을 풀어 만드는 것인지 몰랐던 나는 밀가루를 꺼냈다. 한두 스푼만 넣으면 되는데 양 조절을 할 줄 몰라 밀가루를 두 대접이나 풀었다. 물을 부으니 양이 점점 많아지고 되직해졌다. 안 되겠다 싶어 다시 큰 냄비에 옮겨 담고 또 물을 부었다. 풀죽은 시간이 지나면 점점 늘어난다는 걸 알 리 없는 나는 밀가루와 전분을 함께 넣고 물 붓기를 여러 번 반복했다. 이젠 그 냄비도 좁아 보여 이번엔 큰 양은솥으로 옮겼다. 설탕은 한 포가 다 들어갔고, 식초는 몇 병이 들어갔는지도 모르겠다. 모든 양념을 쓸어 부었다. 진땀이 났다.

설거지와 냄비는 쌓이고 부엌은 난장판이 됐다. 그 와중에 정신이 들어 튀긴 고기를 소스에 찍어 먹어 봤는데, 맛은 꽤 괜찮았다. 난생처음 만든 탕수육에 스스로 감격했다. 그때 부엌으로 들어오신 시어머니는 외마디 비명을 지르셨다. 무슨 일인가 돌아보니 도끼눈으로 나를 내려다보셨다. 뒤따라오신 시아버지도 부엌을 흘깃 보시더니, 이내 방으로 들어가신다.

일단 저녁상을 차려 방으로 들어갔고, 우리 네 식구는 아무 말도 하지 않고 탕수육을 먹었다. 그래도 모두들 며느리가 처음 만든 탕수육을 맛있게 먹은 듯했다. 나름 뿌듯했다. 상을 물리자 시아버님이 말씀하신다.

"새아가야. 오늘 탕수육 잘 먹었다. 나는 그 죽이 참 맛있구나. 내일 아침부터 나는 밥 대신 그 죽을 다오."

철없던 나는 반색을 하며 대답했다.

"네."

이튿날부터 시아버지는 달달하고 시큼한 탕수육 소스를 한 대접씩 드셨다. 다른 사람들은 아무도 먹지 않는데, 내가 만든 밀가루 죽을 맛나게 드시는 걸 보니 행복했다. 그 시절에는 냉장고도 없었다. 유일한 냉장고는 우물 속이었다. 소스가 상할까 봐 들통에 담아 줄을 길게 늘여 펌프 기둥에 매어 놓고, 끼니마다 데워서 시아버지께 드렸다. 마지막 한 대접을 드리며 진지하게 여쭈었다.

"아버님, 마지막인데 더 해 드릴까요?"

그러자 처음으로 시아버님은 손사래를 치셨다.

"아유, 아가! 내 그걸 먹느라고 참 힘들었다. 그걸 버리면 네 시어머니가 너를 얼마나 힘들게 하겠니. 이제 끝이라니 잘 됐구나."

세상 물정 모르는 며느리는 그제야 무안했고 시아버님께 고마웠다.

우리 아들들이 초등학교 다닐 때부터 중국집에 가서 탕수육을 사 먹였다. 그때마다 나는 이 이야기를 빠뜨리지 않고 아이들에게 들려줬다. 며느리 사랑은 시아버지라더니, 꼭 맞는 말이다. 우리 아이들은 할아버지에 대한 기억은 없어도 이 사건으로 할아버지의 온기를 느꼈다. 어언 40년간 똑같은 이야기를 들으면서도 번번이 반응해 준 아이들에게도 고맙다.
 탕수육을 배불리 먹고 식당을 나왔다. 작은아들이 오른손 검지를 내 얼굴 앞에서 흔들며 말한다.
 "엄마, 탕수육 알지?"
 우리 삼모자는 크게 웃었다. 오늘도 시아버지는 우리와 함께하셨다.

고추가 떨어진 아이

❋ ❋ ❋

정월 대보름달이 떠오를 때 나는 첫아이를 낳았다.
장조카가 의사라 여느 집처럼 집으로 산파가 오지 않고 병원에 가서 아이를 낳을 수 있었다. 하늘이 노랗고 천장이 빙빙 돌아야 아기가 나온다며 아직 멀었다는 시어머니의 말이 있었지만, 난 아기용품을 준비해 오후 4시쯤 병원으로 갔다, 나이가 비슷한 조카며느리가 내 곁에서 지켜 주니 안심이 됐다. 그는 이미 두 아이의 엄마다. 조카 의사가 진찰을 하더니 조금 있으면 아기를 만날 것 같다 한다. 진통을 잘 참고 있다며 힘을 실어준다. 그들은 호흡을 잘할 수 있도록 내 두 손을 잡고 천천히 숨을 내쉬라 한다.
남편은 오지 않고 시아버지와 시어머니는 진료실 밖에서 기다리셨다. 나는 3.5kg의 건강한 딸을 낳았다. 그런데 시아버지는 딸이라는 말에 그럴 리가 없다면서 몇 번이고 확인을 하셨다. 그러더니 잠시 어디 좀 갔다 오신다고 나가셨다. 병원엔 입원실이 없어 산모가 안정이 되는 대로 집으로 가야 했다. 조카 의사도 시부모님께 산모가 쉬어야 하니 2~3시간 후에나 다시 오시라 했다. 이래저래 지치고 지치는 저녁이었다.

그 밤에 나는 몇 겹의 이불을 둘러쓰고 집으로 돌아왔다. 시아버지는 아이를 꽁꽁 싸매 안고 집에 안전하게 데려다 놓으시곤 또다시 출타하셨다. 아이는 세상에 나온 지 아직 몇 시간도 안 됐는데, 눈을 동그랗게 뜨고 전깃불을 보고 있다. 무척이나 신기했다.

그때 집 앞에서 시끄러운 소리가 났다. 밤이 늦었는데 시아버지 목소리가 크게 들렸다. 집 앞 중국 음식점 사장님과 그의 아들 목소리도 들렸다. 그러다가 잠시 뒤 잠잠해졌다. 곧 시아버지가 들어오셨는데, 무척 화가 나 있었다. 하지만 시아버지의 이야기를 들은 집안 식구들은 삐져나오는 웃음을 참지 못했다.

임신 5개월쯤 되었을 때다. 대문 천장에 슬레이트를 설치하여 비를 가릴 수 있게 막아 놓은 곳이 있었다. 그곳에 물건을 쟁여 놓기도 했는데, 마침 집에서 기르고 있던 십자매를 나는 그쪽에 매달아 뒀다. 그날도 모이와 물을 갈아 주고 있었다. 그때 어디서 날아왔는지, 작은 화살촉이 슬레이트 천장을 뚫고 내 머리에 박혔다. 아픈 건 물론이고 피를 많이 흘려 나는 무서웠다. 놀란 시아버지는 날 데리고 병원으로 갔다. 임신 중이라 마취제를 사용할 수 없어, 그대로 통증을 느끼며 세 바늘을 꿰맸다. 그래도 그만하길 다행으로 여겼다.

시아버지는 펄펄 뛰시며 범인을 찾아 나섰다. 범인은 앞 중국집 둘째 아들이었다. 새총 같은 것에 작은 화살촉을 넣어 하늘에 쐈는데, 어처구니없이 내가 맞은 것이다. 시아버지의 며느리 사랑이 차고 넘치는데 이런 일이 벌어졌으니, 거짓말 조금 보태면 그가 죽지 않은 게 다행이었다. 중국집 아들은 물론이고 그의 아버지까지 몇 날 며칠 석고대죄를 해야 했고, 시아버지는 분이 풀릴 때까지 화를 내셨다.

아이의 태몽도 시아버지가 꿔 주셨다. 당신의 태몽으로는 틀림없이 아들이라며 굳게 믿고 계셨다. 그런데 딸이라니 이해가 되지 않으신 거다. 몇 번이나 확인을 하신 후에도 믿기지 않으셨나 보다. 그 길로 중국집으로 가신 것이다. 아버님은 중국집 아들을 불러 우선 몇 대 때리고 한 말씀 하셨다 한다.

"네놈이 지난번 우리 며느리 머리에 화살을 쐈지? 뱃속에 있던 사내아이 고추가 그때 너무 놀라서 떨어졌다."

시아버지는 어이없는 이론을 펼치며 화풀이를 하셨다. 손자를 기대했으나 손녀를 보게 된 것의 섭섭함을 그렇게 표현하신 시아버지가 너무 귀여웠다. 누구에게라도 핑계를 대고 싶으셨나 보다. 내 첫 번째 아이는 달렸던 고추가 떨어진 채 나왔다. 어찌 됐건 첫딸은 할아버지 살아 계신 동안 그 누구보다 할아버지의 사랑을 듬뿍 받았다.

꿀 전쟁

❃ ❃ ❃

　내게는 결혼 기간과 맞먹는 50년 된 꿀이 있다. 지금은 아주 작은 콜라병에 담아 뒀다. 코카콜라 회사의 창립 기념으로 나온 200ml 정도의 미니어처 병이다. 그러나 처음 꿀은 2리터짜리였다. 세월이 흐르면서 이렇게 작아졌는데, 그 이유는 꿀 대장 시어머니와 연관이 있었다.

　결혼 후에 들어간 시댁은 강원도 인제군이다. 첩첩산중에서도 작은 마을이었다. 깊은 산골인 이곳에선 토종꿀이 많이 생산되었다. 서울의 모 회사 대표가 토종꿀을 부탁해서, 시댁에서는 해마다 그 대표에게 꿀을 보내고 있었다. 그런데 시댁은 양봉을 하는 집이 아니어서, 다른 사람에게서 꿀을 구해 부쳐주곤 했다. 내가 결혼하던 그해에도 꿀 부탁을 받아 놓은 상태였다.

　시댁으로 꿀을 가져오는 사람은 우리 집보다 더 깊은 산속에 자리한, 아침가리라는 마을에 사는 할아버지였다. 봄에 모은 꿀을 추석쯤 떠서 가져오는데, 웬일인지 그해에는 추석이 지나고도 아무 소식이 없었다. 시댁에서는 서울에 꿀을 보내 주겠노라 약속을 했으니, 더는 기다릴 수가 없었다. 급히 다른

분을 수소문해서 꿀을 해 보냈다.

그런데 시간이 한참이나 흐른 뒤 그 할아버지가 지게에 꿀을 지고 오셨다. 우리는 막연히 그해 꿀이 잘 안 돼서 못 오신 걸로 짐작하고 다른 방도를 찾은 것인데, 할아버지는 그 말을 듣고도 한사코 생떼를 썼다. 본인이 늦게 온 건 사실이지만 몸이 아파 연락을 못했으니 가져온 꿀을 사달라는 것이다. 꿀값은 그때 돈으로 쳐도 꽤 큰 금액이었다. 한 초롱이면 20리터 용량이다. 꿀병에 잘 담으면 11병쯤 나왔기 때문에, 1병은 늘 덤으로 남았다.

할아버지는 늦게 온 게 미안해서 이번에는 12병도 넉넉히 나올 양을 가져왔으니, 무조건 우리 집에서 사야 한다고 했다. 가족들은 난감했지만 썩는 것도 아니니 두고 팔아도 되겠다 싶어, 돈은 나중에 주기로 하고 일단 받아 뒀다.

할아버지 말씀대로 병에 담아 보니 실하게 12병이 나왔다. 시아버님은 남는 2병 중 한 병은 시어머니 몫으로, 남은 한 병은 며느리인 내게 주셨다. 곧 아이도 태어날 터이니 두고 약으로 쓰라 하셨다.

시어머니의 꿀 사랑은 대단하셨다. 토종꿀이 엄청 달아서 나는 티스푼 하나도 다 못 먹겠던데 시모님은 참 잘도 드신다. 친정어머니가 수삼에 꿀을 넣어 오셨을 때도 나는 첫 숟갈을 떠먹고는 그것으로 끝이었다. 시어머니는 한 수저 푹 떠서 입에 물고 있다가 미지근한 물을 한 컵 마시면 그것으로 끝이다.

나는 그 꿀을 툇마루 끝에 두고 사시사철 바라만 봤다. 벌써 시어머니는 본인의 꿀을 다 드시고 병이 비었다. 그리고 그때부턴 내 꿀을 탐내기 시작했다. 내가 본 시어머니는 몸에 좋다면 누구 것이든 안면몰수였다. 언젠가는 친정엄마가 나 먹으라고 보내 주신 웅담을 몰래 꿀꺽 하신 분이 아닌가.

꿀을 아무리 꼭꼭 감춰 봐도 그분의 손바닥 안이었다. 잘도 찾으신다. 내가 굳이 숨기는 이유는 꿀이 먹고 싶어서가 아니라, 다만 내 것이라는 것에 의미를 뒀기 때문이다. 무엇보다도 시아버지가 내게 주신 첫 번째 선물이다. 그러나 시어머니의 식탐은 그 누구도 따를 자가 없었다.

언젠가부터 꿀이 점점 줄어드는 게 보였다. 나는 유성 펜으로 꿀병에 줄을 그었다. 유성 펜은 지워지지 않는다. 그러니 누구라도 이 줄을 보면 양심에 찔려 더 이상 손을 안 댈 것 같은데, 꿀은 자꾸 자꾸 눈금 아래로 내려간다. 도저히 좀도둑을 피할 길이 없다. 한 번은 대놓고 한 말씀 드렸는데도 소용이 없다. 그러자 시이모님이 참다 못하셨는지 혀를 끌끌 찼다.

"이놈의 꿀병을 깨 버려야겠어. 먹지 말라는 소리를 듣고도 먹는 내 언니나, 먹는다고 꿀병에 줄까지 그어 가며 짜증을 내는 조카며느리나, 두 사람 다 이해할 수가 없다."

정말 억울했다. 그렇게 꾸중을 들으면서도 지키려고 한 내

꿀인데, 이제는 정말 조금밖에 안 남았다. 때마침 동네 구멍가게에 갔다가 우연히 미니 콜라병을 봤다. 그걸 집으로 가져와서 콜라병을 푹푹 삶았다. 냄새가 빠지도록 씻고 말리길 반복했다. 그리고 남은 꿀을 그 작은 콜라병에 담았다. 자로 잰 듯 딱 한 병이었다. 그 꿀을 아무도 모르게 싱크대 구석에 잘 간직했다. 그렇게 시어머니와의 꿀 전쟁은 끝이 났다.

그 꿀이 올해로 50년째이다. 언제쯤 그 꿀을 개봉하게 될까.

번개 결혼

❋ ❋ ❋

 24살 되던 봄, 나는 종로2가 YMCA 커피숍에서 남편을 처음 만났다. 지인의 소개로 만들어진 자리였다. 그러나 나이도 9살 연상인 데다 이모저모 마음에 들지 않아 단번에 거절했다. 그리고 깨끗이 잊고 있었다.
 한 달 후 그가 우리 집에 찾아왔다. 그게 두 번째 만남이었다. 그랬는데 어찌 된 일일까. 우리는 세 번째 만남에서 약혼을 했고, 또 한 달 후인 네 번째 만남에서 결혼식을 올렸다. 지금 생각해도 번갯불에 콩 볶은 상황이다. 남편을 처음 소개받을 때 내가 알고 있었던 것은 그의 이름 석 자뿐이었다.
 친정어머니도 내 결혼을 탐탁하게 여기지 않으셨다. 나이차도 그러하지만, 그가 시골에 사는 것과 외아들인 것 그리고 왜소한 체격을 가진 것 등이 어머니에겐 결격 사유가 됐다. 혼수와 예단을 주고받는 과정에서도 어머니는 많이 속상해하셨다. 하지만 나를 위해 어머니는 예를 갖춰 혼수품을 챙겨 주었다.
 몇 년의 세월이 흐르고 난 뒤 남편의 절친 부부를 통해 우리의 결혼 비화를 처음 들었다. 나와 첫 소개팅을 마치고 돌아간 남편은 한동안 혼자서 고민하다가, 이 친구를 찾아가 나와 결혼하고 싶다며 속마음을 털어놨다고 한다.

"고민할 게 뭐 있냐. 지금 당장 같이 가 볼 데가 있어."

남편 친구의 손에 이끌려 찾아간 곳은 서울 광화문에 있는 B철학관이었다. 당시 텔레비전과 매스컴에 자주 오르내려 장안의 화제가 됐던 곳이다. 내 생년월일을 어떻게 알았는지 나에 대한 정보를 내밀자, 그 원장은 망설임 없이 결혼을 밀어붙이라고 했단다.

"이 아가씬 몸도 건강하고 돈을 엉덩이에 깔고 앉은 사주이구만. 이 규수 놓치면 평생 후회하네."

"하지만 첫 만남에서 거절을 당했고, 그 여자는 저보다 한참 어린데 괜찮을까요?"

"자네보다 속이 훨씬 더 깊네."

그 당시 남편에게는 집안끼리 결혼을 약속한 여인이 있었다고 한다. 물론 그 사실도 결혼 후에 알게 됐다. 그런데 여인이 폐 질환을 앓고 있어 몸이 약하니, 더 이상 일이 진척되지 않았던 모양이다. 그날 밤 남편은 자기 어머니에게 철학관에 다녀온 사연을 전한 뒤, 다음 날 작정하고 우리 집에 찾아온 것이다. 그 후 모든 수순은 남편의 계획대로 진행됐다. 그는 한번 맘먹으면 그대로 밀고 나가야 직성이 풀리는, 철저하게 목적지향형의 사람이었다.

첫 경험(1)
❋ ❋ ❋

신혼여행에서 돌아왔다. 집안 잔치를 몇 날 며칠을 했는지, 시댁 마당엔 아직도 멍석이 깔려 있고 난장판으로 어질러 있었다. 커다란 고무통에는 많은 그릇들이 물에 잠겨 있다. 집안은 엉망이고 그 누구도 치우려 하지 않았다.

친척들도 모두 돌아가고 처음 우리 식구들만 식사하는 첫날 아침이다. 새색시는 식사 준비하는 시어머니의 뒤꽁무니만 졸졸 따라다녔다. 나는 결혼 전 한 번도 내 손으로 밥을 해 본 적도 또 차려 본 적도 없다. 시모님을 따라 아침 식사를 준비하는데 내가 봐도 무척이나 어설펐다. 익숙한 시어머니는 아침 준비를 척척 잘하셨다.

니는 상에 수저를 놓고 담아 놓은 빈찬도 올려 놓있다. 국을 퍼 주시기에 가지런히 놓았다. 다 된 아침밥상이다. 그런데 이상하다, 밥상 위에는 밥과 국이 셋뿐이다. 나는 눈을 껌뻑거리며 뒷짐을 지고 서 있었다. 부뚜막 옆 쪽마루에 밥주걱으로 훑어 놓은 참으로 미운 밥이 밥그릇에 담겨져 있었다. 시어머니는 밥상을 들고 방으로 들어갔다. 순간 나는 어안이 벙벙했다.

'이게 뭐지?'

잠깐 동안 머릿속이 하얘졌다. 이건 아니지 하는 생각이 들어, 나는 헝클어진 그 밥과 국과 나의 수저가 올려진 쟁반을 들고 방으로 들어갔다. 그들은 아무 일 없었다는 듯 밥을 먹고 있었다. 나는 조용히 밥과 국을 상에 올렸다. 시어머니는 바로 상 밑으로 그걸 내려놓았다. 난 다시 상위에 올렸다. 시어머니가 나무라듯 말했다.

"얘가. 이거 무슨 버릇이야."

나는 이해가 되지 않았고, 세 번째 다시 상 위에 올려 놓았다. 그제야 시아버지가 한 말씀 하셨다.

"올려 놓고 먹어라."

시어머니도 남편도 아무 소리 못 하고 밥만 먹고 있었다. 자존심이 상하고 인격적으로 완전히 무시당하는 기분이었다. 50년이 지난 지금도 시댁에서의 첫 아침 식사를 생각하면, 명치 끝에 찌릿한 아픔이 밀려온다.

첫 경험(2)

❁ ❁ ❁

결혼 생활은 참으로 서글프고 고단했다. 시댁의 가족들과 가정 문화, 그의 인격에 대해서조차 아무것도 아는 게 없다는 사실이 서글펐다. 시댁 식구들의 생활 습관이나 나를 대하는 태도를 보면, 며느리를 가족으로 맞이한 게 아닌 듯싶었다. 마치 집안에 시녀 한 사람을 들인 것으로 생각하는 것처럼 느껴졌다.

시댁에서 모멸감을 가장 크게 받은 첫 경험은 결혼한 그해 여름에 일어났다. 나보다 열세 살 위인 시누이는 매일 친정으로 출근하다시피 하여 안방에서 시어머니와 큰소리로 떠들었다. 그날도 그랬다. 여름이 되니 문을 활짝 열어 놓아 귀를 열지 않아도 목소리가 잘 들렸다.

"엄마, 올케가 기가 센 거 같아. 밥 쟁반 들고 들어올 때부터 알아봤어. 처음부터 길을 잘 들여. 그래야 엄마가 편하다."

시누이의 말 같지 않은 소리에 기가 막혔다. 더 이상 모녀의 뒷담화가 듣기 싫어 빨랫방망이를 세게 놀렸지만, 방 안의 소리는 너무나도 잘 들렸다. 나는 방망이를 쥔 채 열어 놓은 방문 앞에 섰다.

"누굴 길들이는 거예요? 우리 강아지 기르나요?"

모녀는 놀라 흠칫하더니 한참을 마주 보며 침묵했다. 잠시 후 나도 내 방으로 들어갔다. 방구석에 쪼그리고 앉았는데, 서러운 마음에 눈물이 났다.

'미친 거지. 그래. 첨부터 이 남자가 좋아서 시집 온 것도 아니니, 여기서 다시 돌아가야겠다.'

나는 친정엄마가 보내 온 혼인신고 서류를 꺼내 찢으며 또 울었다. 그토록 반대했던 어머니가 무척이나 보고 싶었다. 그날 나는 내 자존감과 자존심을 짓밟아 버린 이들을 용서하지 않겠다며 마음 깊이 담아 뒀다.

그뿐만이 아니었다. 나는 세 아이를 낳고도 제대로 된 몸조리 한 번을 못 했다. 막내를 낳고는 안면과 왼쪽 팔에 마비가 왔지만, 보약과 치료는커녕 아무도 살펴 주지 않았다. 결국 팔을 움직일 수 없게 되어서야, 병원에 입원을 했다. 나중에 안 일이지만 늙은 호박에 꿀과 대추를 넣어 중탕한 즙을 마시면 산후조리에 좋다고 한다. 그런데 어이가 없었던 것은 몸에 좋다는 늙은 호박이 귀해서 못 해 줬다는 시어머니와 시누이의 말이었다. 시골 생활에 무지했던 나는 시골엔 늙은 호박이 지천이라 돼지 사료로 줄 정도라는 걸 그때 처음 알았을 뿐이다.

부모는 자식의 거울이라는데, 이름 석 자만 알고 결혼한 이 남자와 그의 가족들에게 받은 인격 모독으로 인해, 내 마음엔 비감이 쌓여 갔고 자존감은 한없이 무너져 내렸다. 그렇게 한 평생을 살아왔더니 시시때때로 회한이 몰려온다. 수많은 사건 사고가 있었지만, 이젠 나 또한 늙어 간다. 그리 많이 남지 않았을 앞으로의 시간은 나를 사랑하고 나를 위하는 일로만 채우고 싶다. 내가 나를 사랑하는 것, 이 또한 내 첫 경험이 될 것이다.

헌신짝
✻ ✻ ✻

　겨우 두 번 만난 남자에게 손발이 잡혀 마치 보쌈을 당하듯 내 결혼은 일사천리로 진행됐다. 결혼 생활은 기막힌 날들의 연속이었으나, 누구의 말대로 짝을 맞췄더니 그래도 어영부영 살아지는 게 신기했다. 덜컥 첫아이가 생겼다. 정신을 차릴 새도 없이 둘째도 생겼고, 곧바로 셋째까지 태어났다. 아이가 셋이고 보니 눈 뜨면 육아 전쟁이고, 눈 감으면 또 고단한 내일이 기다리고 있었다. 설상가상으로 남편이 중병을 얻어 집안에 눕게 되니, 숨도 못 쉴 만큼 팍팍한 삶이 이어졌다.

　남편이 아픈 것을 두고 '사람이 잘못 들어와 생긴 일'이라며 독한 말을 해대는 시어머니와 시누이의 행패를 견디는 것이 남편의 병 수발을 하며 세 아이를 돌보는 것보다 더 힘들었다. 그럴 때면 애들이고 뭐고 다 손을 놓고 싶었다. 도망치고 싶다는 생각이 하루에도 수백 번 나를 들쑤셨다. 그러나 눈물을 훔치고 돌아서면 반짝거리는 여섯 개의 눈동자들이 나만 바라보고 있었다. 예쁜 이 아이들을 저 사람들에게 맡겨 놓을 수는 없었다. 놓아 버리고 싶은 그 용기로 다시 힘을 냈다.

　'나는 엄마다. 나는 세 아이의 엄마다.'

이 말을 하루에도 몇 번씩 주문처럼 되뇌며 지냈다. 남편의 건강에 도움이 된다는 사탕(뱀탕)을 가을부터 겨우내 끓여 단백질을 보충시켰다. 당시 나는 이십 대 후반이었으니, 아직은 힘이 있었고 물불 가릴 처지도 아니었다. 내 아이들이 성년이 될 때까지 그들 곁에 아버지를 살아 있게 하고 싶었다. 하루 24시간을 48시간으로 쪼개 쓰면서 종종거리고 살았다. 그러나 내 인생의 마당에 정작 나는 없었다. 내겐 오직 지켜 내야 할 그들이 있을 뿐이었다. 그들만이 내 삶의 유일한 목적이었고 전부였다. 최선이라는 말도 부족할 만큼 내 힘을 넘치게 다 쏟아부었다.

기어이 딸이 결혼식을 치르는 날, 나는 당당하게 말했다.
"네가 박사가 되고 훌륭한 사회적 위치를 얻는 데 도움을 준 것보다도, 네 아버지를 네 결혼식에 함께할 수 있게 한 것만으로도 나는 칭찬받을 만하다."

딸은 알고 있을까. 이 어미의 지나온 시간을. 오직 가족을 향한 헌신으로 지탱해 온, 고단했고 서러웠고 치열했던 나의 젊은 날들을. 물론 모두에게 산다는 것은 참으로 고단한 일이다. 경제적인 여유가 있어도, 또 없다 해도 모두 각자의 생각과 욕심을 벗어날 수 없는 게 삶이니 말이다.

챕터 2

세실 여사의
슬기로운 생활

세실이라고 불러 • 60

전화 요금 13,200원 • 62

전화 요금 이후 • 68

우산 • 70

나는 미스 NO입니다 • 75

남편의 딸 • 78

보은 • 81

세실이라고 불러

❋ ❋ ❋

오십 초반에 나는 처음 외할머니가 됐다.

아이는 봄날의 죽순처럼 쑥쑥 자랐다. 오물오물 하던 손녀의 입에서 어느덧 '할미, 할미' 소리가 터져 나온다. 너무도 예쁘고 소중했다, 한데 그땐 왠지 할미라는 호칭이 낯설었다. 무척 좋지만 또 솔직히 싫기도 했다. 그냥 풀썩 늙어버린 것 같기도 하고, 그러는 나를 나조차도 이해하기 쉽지 않았다.

어느 날 나는 아이를 무릎에 앉혀 놓고 교육을 시작했다.

"이젠 할미라고 부르지 말고, 세실리아라고 불러 봐."

손녀는 갸우뚱거리며 입을 오물거린다. 이제 겨우 두 단어밖에 못 하는 아기에게 너무 큰 걸 바라는 나도 스스로가 어이없어 혼자 웃었다. 이번에는 세 글자로 줄여 '세실 씨'라 불러 보라 했다. 그 작은 입술이 움직인다.

"째찔 찌."

세실이 째찔이 됐다. 그래도 그만하면 성공이다. 손녀는 어안이 벙벙한 표정으로 나를 바라보며 고개를 끄덕였다. 그날부터 나는 손녀에게 매 순간 내 이름을 기억시켰다. 할미보다는 '세실'이 맘에 쏙 들었다. 오랜 숙제를 다 푼 기분이다.

지인들에게 그 얘기를 하니 모두들 나를 보고 웃긴다 한다.

"할머니를 할머니라 부르는 게 맞지, 무슨 쎄실이야?"

성당 자매들은 평상시에도 서로의 세례명을 부르니 큰 이의를 제기하는 사람은 없는데, 일반 친구들은 그런 나를 보고 4차원이라 했다.

"너는 참, 할머니가 되어 놓고 싫다는 것은 뭐야. 나는 빨리 할머니 소리 듣고 싶다."

그러나 누가 뭐라 해도 나는 외손녀와의 대화가 잘 돼 갔다.

"쎄실이 보고 싶어요."

"쎄실이 이거 사 주세요."

"쎄실이 예뻐요."

할아버지는 그냥 할아버지라 부르고, 나를 부를 땐 항상 쎄실이라 불렀다. 외가에 오면 '할아버지'와 '쎄실'이었다. 아이가 명절에 본가에 갔을 때 '우리 쎄실 씨가 어쩌구 저쩌구' 하니, 세실이 누구냐고 사돈이 묻더란다. 답을 들은 사돈은 이해할 수 없다며 날보고 요상한 사돈이라 했단다. 그러거나 말거나 우리는 쎄실이라고 부르는 사이다. 우리 집에 어떤 사건이 생겨 딸과의 관계가 단절되기 전까진 그랬다.

전화 요금 13,200원

❋ ❋ ❋

 내 나이 33살이던 해, 우리 부부는 주유소를 개업했다. 우리 주유소로 인해 동네가 다 훤해 보였다. 뒤로는 산자락이 병풍처럼 둘려 있었고 십여 개의 집이 옹기종기 모여 있는 동네다. 사람들도 소박하고 좋았다.
 그런데 얼마 지나지 않아 그들이 미워지기 시작했다. 그들은 우리 사무실 전화를 마을 공용 물건이라도 되는 듯 여기는 것 같았다. 어른들은 정류장에서 내리면 우리 사무실로 들어와 마치 자기 집 전화기인 양 수화기를 들고 통화를 했다. 처음 한두 번은 그냥저냥 사용하게 했지만, 정도가 지나치기 시작했다. 모든 전화를 우리 사무실에서 해결하려는 듯했다. 마음이 무척 상했지만 그렇다고 무작정 못 쓰게 하면 나만 야박한 사람이 될 것 같았다.
 궁리 끝에 우리 집 앞마당 도로에 공중전화 설치를 신청했다. 이곳엔 버스 정류장이 있으니, 명분도 충분했다. 얼마 후 공중전화가 세워지고 개통도 됐다. 동네분들이 공과 사를 구분 못 하니, 나로서도 어쩔 수가 없다. 이제는 공중전화를 사용하시라 했더니 당황해한다. 사무실 전화는 사무용이라 아무 때나 쓸 수 없다고 친절하게 안내했지만, 마을 사람 모두가 섭섭해했다. 막상 공중전화를 쓰려면 동전 몇 개가 들어가니, 모두들 공중전화 사용을 자제한다. 그럼 원래부터 전화를 굳이 안 쓰고도 살 수 있었단 말인가 싶으니 통쾌하기도 했다. 오히려 우리 동네 공중전화는 동네 어르신보다 지나가는 사람들이 더 자주 사용했다.

한 달 후에 드디어 전화 요금 고지서가 나왔다. 13,200원. 나는 숫자를 잘못 본 줄 알았다. 우리 주유소는 사무실에 5대의 전화기가 있고, 2층에 1대, 사용하지 않는 전화기 1대까지 총 7개의 전화기가 있다. 전화는 주로 사무실에서 많이 쓰고, 이제는 전화기를 쓰는 외부인도 없으니 기본 요금만 나와야 하는데, 너무 큰 금액이다. 이해가 되질 않았다. 곰곰이 생각하다 옥상에 올라가 봤다.

우리 집에서 아직 사용하지 않는 전화기 1대는 아예 개통을 하지 않은 상태였다. 그래서 옥상 꼭대기에 선만 이어 놓고 노란 테이프로 감아 물탱크 옆에 묶어 놓았다. 그런데 분명히 노란 테이프로 감겨 있던 전화선이 다른 선과 연결돼 있었다. 도대체 어떤 선인가 살펴봤더니 아뿔싸, 공중전화와 연결이 돼 있었다.

이튿날 아침 전화국에 찾아갔다. 오전 10시였는데도 민원인 줄이 전화국 바깥으로 50m 정도 늘어 서 있었다. 오전 내내 전화국 입구도 못 들어간 채 길바닥에 서서 기다렸다. 바로 앞에 서 계시던 할머니 한 분께 무슨 일로 오셨냐 물었더니, 전화 요금이 너무 많이 나왔다고 한다. 점심시간이 지나 오후 업무가 재개되고 내 앞의 할머니 차례가 됐다. 전화국 직원은 할머니께 거의 반말로 전화를 썼으니까 요금이 나온 거라며 박정하게 돌려보냈다.

'뭐 이런 자들이 있어?'

드디어 내 차례가 돼서 나도 열심히 고지서를 놓고 설명을 했다. 그랬는데 직원은 내게도 앞의 할머니께 한 말과 같은 소리만 한다. 다시 여러 번 반복해서 똑부러지게 설명을 했지만, 직원은 자기가 무슨 큰 벼슬이나 얻은 듯 큰소리로 윽박지른다.

"이거 안 되겠네. 댁은 저리 가고 뒷사람 나오라 해요."

어이가 없던 나도 덩달아 목소리가 한 옥타브 올라갔다.

"당신이 말귀를 못 알아들으니, 말귀 알아듣는 사람 나오라고!"

사무실 직원들이 일제히 나를 쳐다봤다. 잠시 뒤 창구 직원보다는 직급이 높아 보이는 사람이 나왔다. 나는 다시 한 번 민원 내용을 조곤조곤 설명했다. 그런데 이 사람도 내 말을 무시하고 아까와 똑같은 대답을 한다. 전화기를 사용했으니 나왔다는 것이다. 분통이 터졌다.

'니들 다 죽었어.'

서른세 살의 당찬 대한민국 아줌마의 매운맛을 보여 줘야 할 것 같았다. 나는 어금니를 꼭 깨물었다.

"국장 나오라 해!"

카랑카랑한 목소리로 소리치기 시작했다. 끝장을 봐야 했다. 내가 하도 떠들어 대니, 어쩔 수 없이 국장이 나왔다. 배가 불룩 튀어나왔는데 그리 좋은 인상은 아니었다.

"무슨 일이시죠? 직원들이 잘 처리해 주실 겁니다."

"천만에요. 직원들이 잘했으면 국장님을 부르지도 않지요."

또다시 나는 자초지종을 이야기했다. 대한민국 사람이라면 누구나 알아들을 수 있게 쉬운 말로 설명했다. 그런데 그조차 딴소리를 한다. 나는 한 번 더 강조했다.

"물론 썼으니 요금이 나왔겠지요. 그런데 그 전화를 누가 썼느냐가 문제겠죠."

그는 실눈을 뜨고 나를 노려봤다. 순간 나는 장난과 심술이 올라왔다.

"국장님, 책임질 수 있습니까? 당신 모가지 내놓을 수 있어요?"

순간 사무실이 찬물을 끼얹은 듯 조용해졌다. 누군가 침을 꼴깍 삼키는 소리가 났다. 그때 나도 말은 뱉어 놓았지만 내가 좀 과하다는 느낌도 살짝 들었다. 국장은 책상 위로 주먹을 불끈 쥐고 있다. 금방이라도 나를 때릴 것 같은 태도다.

'여기서 밀리면 안 돼.'

나는 마지막 승부수를 띄웠다. 나는 쪽 째진 국장의 눈을 마주 봤다. 그가 내 쪽으로 걸어온다.

"조치를 취하겠습니다."

의외였다. 그러나 나는 지체하지 않고 바로 물었다.

"언제요? 내일이요?"

그러자 당황한 그를 밀치며 옆에 있던 직원이 나선다.

"빠른 시일 내에 해결하겠습니다."

그 말을 누가 믿을 수 있을까. 쇠뿔도 단김에 빼라 했다.

"그럼 모레요?"

"삼 일 후에 조사하러 가겠습니다."

다시 한 번 다그쳤다. 이 순간만 모면하면 유야무야될 게 뻔하다.

"몇 시? 아홉 시?"

"삼 일 후 10시입니다."

나는 벽에 있는 농협 달력을 보며 숫자를 찍었다.

"부탁드립니다. 삼 일 후 10시에 뵙겠습니다. 감사합니다."

나는 정중히 인사하고 전화국을 나왔다. 아침에 줄 서기부터 시작해 장장 7시간 만에 이룬 쾌거였다. 당연한 일인데 너무 많은 시간을 허비했다.

약속대로 삼 일 후 기사 두 명이 왔다. 우리는 옥상으로 올라갔다. 그들은 바로 인정을 했다. 우리 전화선에 공중전화가 연결된 것이라며 몇 번의 사과를 하고 돌아갔다. 그로부터 며칠 후 국장으로부터 전화가 왔다. 죄송하다는 사과였다. 나는 기분 좋게 받아 줬다.

  누구나 실수는 있을 수 있으나 후속 대처가 더 중요하다. 나는 13,200원으로 용감한 투쟁을 했다.

전화 요금 이후

❋ ❋ ❋

　전화 요금 문제가 해결되고 나니 은근히 즐거웠다. 업무가 많아도 신이 났다. 때마침 주유소 손님도 더 많아졌다.
　그 일이 있은 지 한 달이 조금 넘었을 때다. 사무실에 왔던 전화국 기사 두 명이 다시 찾아왔다. 내심 반가워서 차도 대접했다. 잘 지냈냐고 하니 얼굴 표정이 좋지 않다. 한참 만에 무거운 입을 열었다.
　"사모님 덕분에 잘렸어요."
　"예? 그게 무슨 말이에요?"
　기사는 담담히 이야기를 시작했다.
　"제가 실수한 거잖아요. 책임져야죠."
　할 말이 없다. 누구나 실수는 할 수 있다. 하지만 기관의 대표라는 사람이 이런 일로 기사들을 해고까지 시킬 줄은 몰랐다. 본의 아니게 미안했다. 그렇게 모든 게 끝난 줄 알았다.
　석 달 후 남편이 단체장 모임에 다녀오게 됐다. 거기서 전화국 국장과 나란히 앉았나 보다. 서로 통성명을 하고 세상 돌아가는 이야기를 하며 분위기도 좋았단다. 모임이 거의 끝날 무렵 그가 남편에게 슬쩍 한마디 하더란다.

"이 사장, 와이프 똑똑해서 좋겠소."

그날 모임이 끝나고 국장과 남편 둘이 이야기를 나눴는데 내가 전화국에 방문했던 날, 자기는 그날 같은 모욕은 처음 느꼈다고 했다는 것이다. 남편은 머리를 조아리며 사과했다고 한다.

집으로 돌아온 남편은 나를 쥐 잡듯 몰아세웠다. 어떻게 감히 그런 말을 했냐고 엄청나게 화를 냈다. 남편은 내 말을 듣지도 않고 그 사람의 말에만 무게를 뒀다. 아무리 그때의 사정을 이야기하려 해도 아예 귀를 닫아버렸다. 밤새 남편의 잔소리에 시달렸다. 나는 나대로 생각에 빠졌다.

'남자가 돼 가지고 그걸 남편에게 이르다니. 책임감 없이 자리만 지킨 주제에.'

남편이 포악질을 해 대며 나를 몰아세우는 것도 너무 싫었다. 내가 자기 아내라면 한 번쯤은 내 말에 귀를 기울여 줄 수도 있지 않을까. 남편은 내게 앞으로 어디 가도 따지는 일을 하지 말란다. 어이없지만 조용해지려면 그런다고 할 수밖에 없었다.

우산

✱ ✱ ✱

막바지 장맛비가 며칠째 쏟아지던 여름이었다. 다행히 날이 쾌청했다. 비에 젖은 물건들을 말리고 나니 잠시 짬이 났다. 오후엔 남편 친구가 부탁한 일을 마치기로 마음먹었다.

남편 친구는 미국 뉴저지에 근무하다가 용인 시내 ○○은행 지점장으로 발령을 받았다. 그는 실적을 위해 적금을 들어 달라며 우리 집에 여러 번 방문했다. 하지만 우리도 예산의 계획이 있기에 금방 그의 부탁을 들어줄 수는 없었다. 때마침 적금 만기가 돼 이제야 다른 계획을 세울 수가 있었다. 이왕에 같은 조건이면 아는 분의 편의를 봐 주는 것도 서로에게 좋은 일이라 생각됐다.

비가 오락가락했다. 손에 뭘 드는 게 귀찮았지만 일단 우산을 들고 나섰다. 버스가 용인 시내에 들어서는데 거짓말같이 비가 쏟아졌다. 얼른 버스 창문을 닫았다. 사람들이 웅성대며 발을 동동거렸다.

"뭔 날씨가 이래."

"우산을 안 갖고 나왔는데."

나는 속으로 히죽 웃었다. 버스에서 은행까지는 약 50m다.

나는 우산을 받쳐 들고 경쾌하게 걸어갔다. 은행 문을 열고 들어서니 청원 경찰이 우산을 우산꽂이에 넣으라고 안내한다. 나는 이미 밖에서 빗물을 다 털고 왔기에 그냥 들어간다고 했다. 그러나 그는 꼭 우산꽂이에 넣고 가라고 종용한다. 할 수 없이 그렇게 했다.

2층 지점장실로 갔더니 차 대접도 해 주고 이런저런 이야기를 한다. 일사천리로 일을 끝내고 다시 1층으로 내려왔다. 그런데 아까 꽂아 뒀던 내 우산이 보이지 않는다. 몇 번이고 둘러봤지만 없었다. 나는 청원 경찰에게 물었다.

"내 우산 어디 있어요?"

그는 내 말을 듣는 둥 마는 둥 했다.

"아저씨, 아저씨가 여기 우산을 놓으라 해서 놓았는데 내 우산 어디 있냐고요."

그는 여전히 모르쇠다. 성의를 보이지 않는 청원 경찰에게 슬금슬금 화가 오르기 시작했다. 은행 안에 온 손님들이 나를 멀뚱멀뚱 쳐다본다. 이제 밖에서는 따지지 않겠다고 남편과 약속을 했지만 안 되겠다 싶었다. 창구에는 여직원들이 죽 앉아 있고 바로 뒷줄에 김○○ 과장이라고 쓰인 명패가 보였다.

"김 과장님!"

김 과장이라는 사람은 이 상황을 다 보았으면서도 모른 척을 하고 있었다. 나는 아까보다 더 큰 소리로 다시 불렀다.

"김 과장님!"

그러나 그 사람은 고개를 숙이고 열심히 일하는 척을 했다. 나는 바로 앞에 있는 여직원에게 뒤에 계신 김 과장님을 불러 달라고 했다. 여직원이 머뭇거렸다.

"어서요."

여직원을 다그치자 반사적으로 일어난 여직원이 김 과장에게 다가갔다. 그러더니 큰소리로 내가 찾는다는 말을 전했다. 하는 수 없었는지 김 과장이 내 쪽으로 온다. 나는 아까처럼 똑같이 이 상황을 설명했다. 김 과장은 책임감 없는 말투로 청원 경찰에게 내 우산을 찾아 주라고 넘긴다. 청원 경찰은 손짓으로 없다는 표시를 했다. 김 과장은 내 눈을 피했다. 이제 은행 안의 사람들은 일제히 내게 시선을 고정하고 있었다. 내가 여기서 내 우산을 찾아 나갈지, 아니면 이 비를 뒤집어쓰고 나갈지 흥미롭다는 눈빛이다. 그러나 나는 눈치가 있다. 구경꾼들의 눈에서 이런 생각을 읽었다.

'그래, 해 봐라. 없어진 우산을 어찌 찾아. 어림없지.'

나는 끝까지 해 보리라는 오기가 생겼다.

"고객의 우산도 책임 못 지는 은행을 어떻게 믿고 소중한 돈을 맡기겠어요? 여러분, 안 그래요?"

나는 웅변가처럼 떠들었다. 어쩌면 내가 여자라서, 아니 아줌마라서 이런 대접을 받는 건가 싶으니 분했다. 은행 직원과 고객들 누구 하나 말을 하지 않고 지켜보고만 있었다. 그때 맨 끝 쪽에서 이 상황을 지켜보던 박 차장이라는 사람이 내 앞으로 달려온다. 고개를 90도로 숙였다.

"미안합니다."

아까부터 있던 것을 내가 다 봤는데 자기가 마침 지금 들어와서 이제야 고객님의 상황을 들었다며 시치미를 뚝 뗀다. 그러더니 지갑에서 만 원짜리 두 장을 꺼내 빨리 우산을 사 오라고 한다. 신입 직원은 바로 근처 시장에 가서 체크무늬 우산을 사 왔다. 박 차장은 두 손으로 내게 우산을 건네며 연신 죄송하다는 말을 한다. 진작 이렇게 했으면 이 분란이 없었을 텐데 하는 아쉬움이 남았다. 목소리 큰 사람이 이긴다더니 꼭 그렇다. 나는 정중히 우산을 받아 들고 고맙게 잘 쓰겠다고 인사를 하고 나왔다.

그 이후 연말에 부부 모임이 있었다. 남편 친구니 당연히 그곳엔 은행 지점장도 있었다. 역시 남자들은 입이 싸다. 몇 달 전의 이야기를 남편에게 전했던 모양이다. 연말 부부 모임인데 그렇게도 할 말이 없었던가? 그들은 나를 가리켜 어떻게 그렇게 말을 잘하냐며, 욕 같은 칭찬을 한다. 자기가 지점장으로 와서 일부러 찾아가 적금도 들어 줬는데 매너가 없는 사람이라고 느껴졌다.

아니나 다를까? 돌아오는 차 속에서 남편은 석 달 열흘은 들을 잔소리를 한꺼번에 해 댔다. 귀에서 피가 날 지경이다. 그깟 우산이 대수냐고 한다. 그럼 억수같이 비가 쏟아지는데 내 것을 잃고 비까지 맞는 게 잘하는 짓이냐고 대꾸했다. 그러나 남편에게는 아무 소용이 없다. 나는 한쪽 귀로 잔소리를 흘리며 남편 보이지 않게 허공에 검지로 '바보'라는 말을 수없이 썼다. 집으로 돌아온 나는 치사한 방법으로의 복수를 기약했다.

'내일 당장 적금을 해약해야지.'

나는 미스 NO입니다

✽ ✽ ✽

    주유소를 개업하고 5년이 지난 어느 날, 예고도 없이 세무서 직원 4명이 들이닥쳤다. 무슨 일인가 싶었다. 느닷없이 세무조사를 하러 왔단다. 이런 일은 하루 전에라도 연락을 주고받는 게 상례라는데 의외였다. 이제 겨우 사업이 자리 잡아 가는 중인데, 급작스런 세무공무원의 방문을 받고 보니 당황했다.

    우선 우리가 선임한 세무사에게 연락을 하고 기다리고 있었다. 세무서 직원은 먼저 기세를 잡기 위해 큰소리를 쳤다. 그러나 걱정할 것은 없다. 원리 원칙대로 정직하게 해 온 사업이기 때문이다. 남편인 사장과 세무서 직원, 세무사가 모두 한자리에 앉았고, 세무사는 나를 보더니 세무서에서 원하는 대로 해 주라며 걱정하지 말라 한다.

    세무서 직원은 나를 불러 개업 때부터의 장부를 하나씩 요구했다. 몇 년 된 장부를 찾아다 줬더니 묻기도 하고 따지기도 한다. 나는 그들이 원하는 서류를 챙기느라 왔다 갔다 바빴다. 그때 세무서 과장이라는 이가 내게 물었다.

    "미스 뭐라고 불러야 하죠?"

    당시 애가 셋이나 있던 나는 이렇게 대답했다.

"미스 NO예요."

우리 직원들이 킥킥 웃었다. 그들은 내 성 씨가 노 씨인 줄 알고 이후부터 나를 부를 때 '미스 노'를 외쳤다. 그러나 바쁘고 정신도 없이 그걸 정정해 줄 시간도 없었다.

남편과 가족 사업을 하다 보니 내가 경리 일을 맡았다. 처음엔 모르는 것이 너무 많아 세무사 사무실에 가서 배워 가며 착실히 원칙대로 했다. 그 시절엔 카드가 없고 현금 장사만 했던 때라 내가 경리 자리를 꼭 지키고 있어야 했다.

그렇게 정신을 뺀 일주일간의 감사가 끝났다. 크게 잘못된 것이 없자, 그들은 순순히 물러났다. 마지막 날 세무서 담당자와 사장이었던 남편은 식사를 했다. 서로 고맙다는 인사를 교환하는데 세무서 직원이 내 칭찬을 했다.

"미스 노가 일을 아무지게 참 잘하더군요."

남편은 무슨 말인가 싶었던지 미스 노가 누구냐며 꼬치꼬치 캐 물었고, 결국 나라는 게 밝혀졌다. 그 정도 됐으면 그냥 웃으며 넘어가면 되는데, 남편은 굳이 그걸 그들에게 정정해 줬다. 나는 너무 민망했다.

그 후 남편은 유부녀인 것을 속였다고 한동안 내게 닦달을 했다. 우연찮게 그렇게 됐다고 해도 이해하지 못했다. 하도 지겨워서 내가 잘못했다고 사과하자, 그때서야 조용해졌다. 등에 유부녀라고 써 붙이고 다니겠다고도 했다. 그게 뭣이 중한 지 모르겠다. 일주일 내내 세무감사 받느라 힘들었던 내게 유부녀란 말을 안 했다는 걸로 모든 공은 사라지고 나는 순간 앙큼한 여자가 됐다.

그 후 진짜 '미스 NO'가 나타났다. 남편의 친척 처제였다. 그녀와 우리는 오래 함께했다. 그녀는 우리 주유소에 근무하면서 결혼도 하고 아이도 둘을 낳았다. 그녀가 남편과 같이 중국으로 가기 전까지 17년 동안 좋은 인연으로 함께 생활했다. '미스 노'와 '미스 NO'가 연합하여 사업도 서로의 삶도 보듬어주며 화양연화와도 같은 시절을 지냈다.

남편의 딸

✽ ✽ ✽

아이들과 외출에서 돌아오는데 남편이 누군가에게 인사를 하라 한다. 연세가 지긋한 분이었다.
"아빠 은사님이시다."
아이 셋과 나는 깊이 고개를 숙여 정중히 인사를 드렸다.
"안녕하세요?"
우리의 인사가 채 끝나기도 전에 은사님이 말씀하셨다.
"승우는 딸 둘 아들 둘을 뒀구나. 다복하네."
직원들이 와 하고 웃었다. 순간 나는 당황했다. 당황한 건 나만이 아니었다. 갑작스런 그 웃음소리에 은사님과 남편 또한 적잖이 당황했다. 졸지에 나는 남편의 딸이 돼 있었다. 남편의 얼굴을 보니 시뻘겋게 달아 있다. 되레 내 가슴이 철렁했다.
"아, 선생님, 여기는 제 처입니다."
무안했던 나는 다시 고개를 숙이고 인사를 했다. 은사님도 놀라셨는지 잔기침을 하신다.
"죄송해요. 제가 이 사람 처입니다. 들어가 차라도 한잔하시지요."
분위기를 풀어보려고 나도 한마디 거들었다. 그러나 은사님은 곤란함을 못 이기셨는지 바쁜 일이 있다며 다음에 다시 오시겠다는 말씀을 놓고 급히 차에 오르셨다.

'미스 NO' 사건이 있은 지 몇 달 지나지 않았는데 또 이런 일이 생기니, 이번에는 또 얼마나 시달릴지 걱정이 됐다. 애들은 엄마가 아빠의 딸이 됐다고 깔깔대고 웃었지만, 남편은 시끄럽다며 죄 없는 애들을 혼냈다.

그 후 나는 헤어스타일과 복장 일체에 통제를 받기 시작했다. 그때까지 나는 긴 머리를 디스코 머리로 땋고 다녔다. 이젠 긴 머리도 이별이다. 어중간한 단발에 시어머니의 복장처럼 바뀔 수밖에 없었다. 딸이라는 소리에 본인도 당황했는지, 사사건건 시비를 걸었다. 물론 기분이 좋을 리는 없을 것이다. 그러면 뭐하겠는가. 당시 나는 30대 중반이었다. 차라리 본인이 내게 맞춰 젊어지면 좋으련만, 나를 본인에게 맞춰 늙은 아줌마로 만드는 건 뭔가.

사실 남편과 다니면 사람들이 나를 보고 세컨드라는 말을 슬쩍슬쩍 하곤 했다. 그런데 남편은 그 말을 은근히 좋아했다. 히죽거리고 웃는다. 그것도 꼴 보기 싫다. 그럼 나도 질 수 없어 이렇게 농담으로 맞받아쳤다.

"저는 세 번째랍니다."

더 이상 이런 일로 감정 소모를 하고 싶지 않아 최대한 조심하며 살았다. 남편의 딸이란 소리도 들어 본 여자다. 그때 일을 생각하면 고인이 되신 은사님께 감사하다. 내게 당당한 추억 하나를 만들어 주셨기 때문이다.

보은

✽ ✽ ✽

　5월 초순부터다. 새끼를 밴 고양이가 눈에 들어왔다. 고양이는 사무실 담장 위에서 햇빛을 받으며 누워 있었다. 벌써 여러 날째 사무실 뒷담과 마당을 돌아다니는 걸 보니 몸 풀 곳을 찾는 듯했다. 조금이라도 도움을 주고 싶어 이사 때 쓰던 박스들을 구해 발전기 옆 구석에 산실을 마련해 줬다.
　의심이 많은 야생 고양이라 발자국 소리만 들어도 잽싸게 도망을 다닌다. 나는 사료와 물도 준비해 뒀다. 혹시 먹이는 잘 먹고 있나 하루에도 여러 번 살폈다. 확인할 때마다 사료가 없어진 걸 보니 고양이가 다녀간 게 틀림없다. 이렇게 익숙해져서 이곳이 안전하다는 걸 믿어 줬으면 좋겠다.
　고양이에게 보내는 내 바람이 통했던 걸까. 그 후 2주쯤 지나서 보니 새끼 5마리를 낳았다. 아주 조심스럽게 사료와 물을 갈아줬다. 몇 번씩은 나와 눈을 마주쳤지만 아직 경계의 눈빛은 여전했다. 5월의 따뜻한 햇살 아래 병아리만 한 아기 고양이들이 구르듯 마당에 나와 있다. 짐승들도 아기 때는 모두 사랑스럽고 예쁘다.
　그즈음 나는 2주간의 여행을 다녀왔다. 오랜만에 아기 고양이 근처에 갔더니 또다시 경계가 심하다. 어미 고양이가 교육을 잘 시킨 듯하다. 낯선 사람을 피하라 했는지 내 발자국 소리만 들어도 다섯 마리가 후다닥 사방으로 도망을 쳤다. 어느새 제법 커서 뛰어가는 모습을 보니 미소가 나왔다. 그리 경계가 심하니 멀리서 바라보는 것으로만 만족해야 했다. 펜데믹으로 사람들과 교감을 잘 못하고 살던 시기에 고양이들은 내게 많은 위로와 평안을 줬다. 날이 좀 지나자 장마가 찾아왔다. 새끼들도 훌쩍 컸다. 젖을까 봐 덮어 주고 사랑을 듬뿍 줬지만, 녀석들은 내게 정을 주지 않았다. 달력을 보니 3개월이나 함께했다.

그런데 어느 날 갑자기 고양이 6마리가 모두 집을 나갔다. 밥그릇의 사료도 그대로이고 사흘이 지나도록 돌아오지 않았다. 이렇게 빨리 가 버리려고 그토록 정을 주지 않았나 싶으니 좀 허망했다. 그래도 여기보다 더 좋은 곳으로 갔다면 차라리 안심이다.

사무실 담장은 산과 경계라 그런지 산새들이 많이 왔다 가곤 한다. 특히 까치는 아예 커다란 밤나무 가지에 집도 여러 채 짓고 식구도 많다. 출근 때마다 내가 지나가면 반갑다는 듯 짖어 댄다. 그 소리만으로도 그냥 기분이 좋다. 까치의 울음소리는 하루를 시작하는 밝은 기점이 돼 줬다.

유난히도 더운 8월이 지나고 9월 초순이 됐다. 하루는 온 마당과 산에서 난리가 났다. 까치들이 떼로 날아다니고 있었는데 이상하게 그날따라 까치 소리가 비명처럼 들렸다. 이게 무슨 일인가 돌아보니 고양이 식구 6마리가 반대편 벽에서 까치 한 마리를 잡아 사무실 입구 계단에 물어다 놓은 게 보였다. 고양이들은 나를 보더니 성큼성큼 다가와 한 바퀴를 돌고는 잡아 온 까치를 쓱 쳐다봤다. 그러더니 곧바로 산속 어디론가 다시 떠나버렸다. 까치들은 한동안 울부짖음을 계속했다. 같이 일하던 분도 신기했나 보다.

"세상에. 고양이가 까치를 잡은 건 처음 봐요."

고양이 식구를 보호해 준 것에 대한 고마움의 표시로 까치를 잡아 주고 간 것이다. 저렇게 작은 생물도 고마운 마음을 알고 표현했다는 것이 잔잔한 감동으로 남았다. 사람 못된 것은 짐승만도 못 하다는 말이 그냥 나온 게 아닌가 보다.

그 후에도 가끔 고양이들이 돌아오지는 않았는지 살펴봤지만, 다시 보지는 못했다. 어디에 살든지 건강하고 행복하렴.

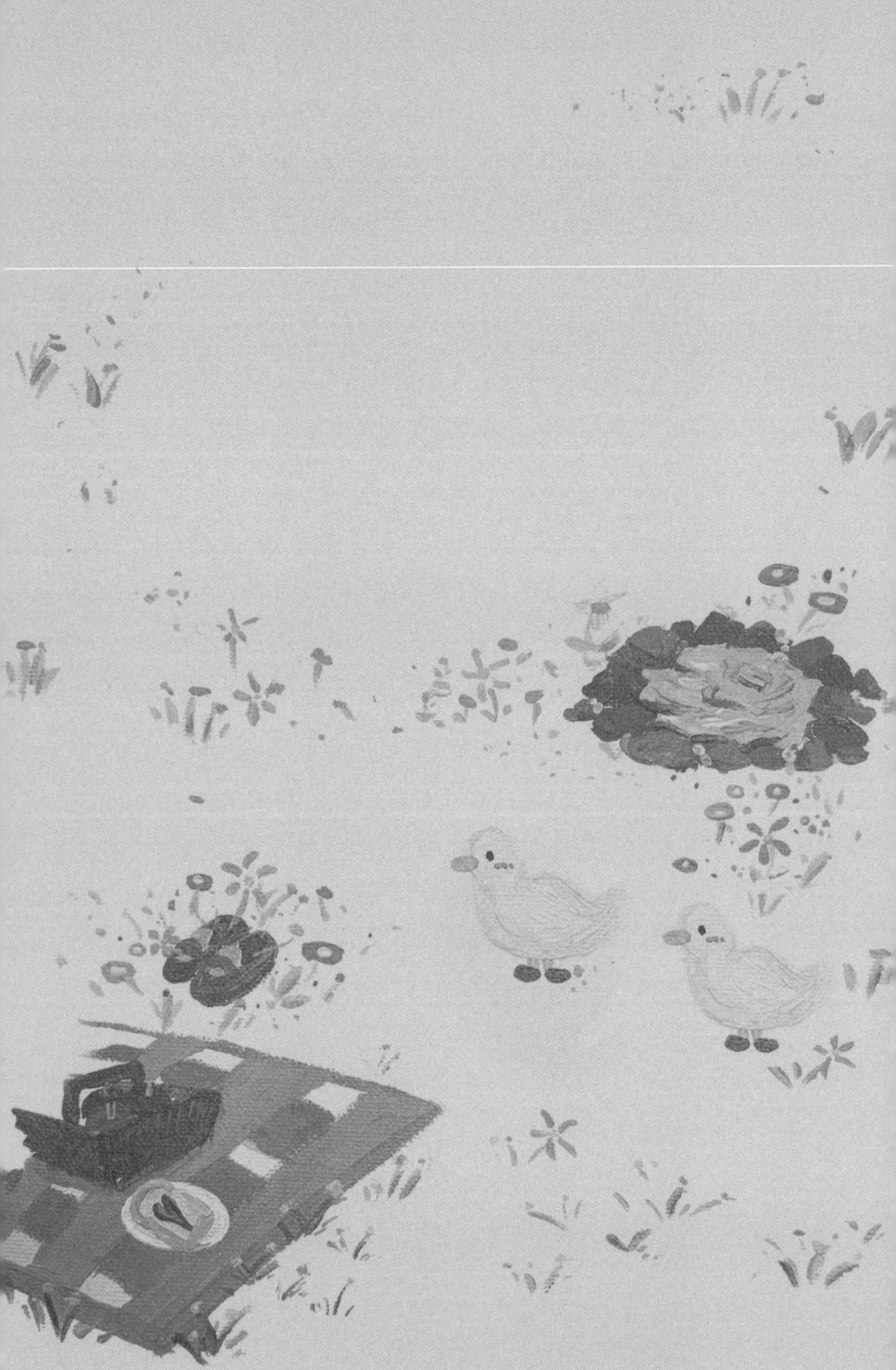

챕터 3

파랑새는 어디에

컵라면 • 86

너를 처음 만난 날 • 89

첫아이의 장염 • 91

산삼 후유증 • 95

아버지의 용기 • 99

홍해삼 • 103

짝사랑 • 106

편지 • 111

최고의 커피 • 114

친할머니 • 117

엉덩이에 뿔 난 시어머니(1) • 119

엉덩이에 뿔 난 시어머니(2) • 122

모녀의 대화 • 125

된장의 부활 • 127

컵라면

✾ ✾ ✾

"엄마, 아직도 끓여요?"
아들이 물었다.
"응."
큰아들이 인터넷으로 컵라면을 넉넉히 구입했다 한다. 동생 식구들과도 나눠 먹고 나도 좀 준단다.

1982년 큰딸이 8살, 둘째가 7살, 막내가 5살 때였다. 남편과 주유소 개업 준비에 눈코 뜰 새 없이 바빴다. 어쩌다 보니 저녁 준비할 시간을 놓쳤다. 부랴부랴 저녁 준비를 하려는데 애들이 우르르 와서는 라면을 먹겠다고 한다. 마침 잘됐다 싶어 큰 애에게 라면을 사 오라 심부름을 시켰다. 둘째도 같이 따라나섰다. 동네 구멍가게에서 라면을 사 왔는데, 봉지 라면이 아닌 컵라면이다. 소문은 들어 알았지만 직접 본 것은 처음이었다.
애들이 설명을 해 준다. 물을 끓여 이 컵에 스프와 함께 물을 붓기만 하면 된단다. 내가 못 알아듣는 줄 알고 여러 번 반복 설명을 한다. 그리곤 TV를 본다며 자기들끼리 거실에 모여 있다. 나는 물을 끓이고 컵의 뚜껑을 따고 스프 봉지를 찢어

스프 가루를 넣었다. 물도 적당량 잘 부었다. 젓가락으로 컵라면 뚜껑에 눌러 놓았다. 1분, 2분, 3분, 설명서대로 기다렸다가 열어 내용물을 젓가락으로 휘휘 저어 보았다. 그런데 라면은 익지 않고 꼬들꼬들 그대로였다. 이대로 먹으면 탈이 나겠다 싶어 냄비를 꺼내 끓이기 시작했다.

그때 아이들이 뛰어왔다.

"엄마, 라면!"

소리치며 빈 라면 컵을 들여다보다 아이들이 움찔한다.

"라면 어디 갔어요?"

세 아이가 동시에 묻는다.

"이제 다 됐어."

내가 대접에 푹 끓인 라면을 퍼 담자 아무 소리도 내지 않고 멀뚱히 쳐다본다.

"이 컵라면은 꼬들꼬들하게 먹는 거예요. 이렇게 푹 끓여 먹는 게 아니에요. 으앙!"

한 아이가 울자 덩달아 아이들이 망했다며 울어 버린다. 나는 어이가 없었다. 설익은 걸 먹겠다니 나도 울고 싶었다. 그러나 아이들은 진심이었다. 모두 안 먹겠다고 시위를 한다. 나는 손이 발이 되도록 미안하다고 빌었다. 대신 내일 점심으로 다시 컵라면을 해 주겠다는 약속으로 해결을 봤다.

너무 푹 끓여 젓가락을 대기만 해도 라면이 끊어졌다. 아이들은 포기한 채 숟가락으로 푹 퍼진 라면을 퍼 먹었다. 그날 내가 아이들에게 끓여 준 라면이 내 생애 첫 컵라면 솜씨였다. 그날 이후 나는 컵라면을 가장 못 끓이는 솜씨 없는 엄마로 낙인찍혔다. 아이들은 다 클 때까지도 내게 라면을 부탁하지 않고, 컵라면만큼은 본인들이 직접 챙겨 먹었다. 내 입장에서는 몸이 편하니 그것도 나쁘지는 않다.

40년이 훌쩍 지났지만 아들들은 엄마의 엉터리 조리법과 그때의 컵라면 맛을 지금도 기억한다. 하지만 나는 지금도 컵라면을 봉지라면과 같이 냄비에 끓여 다시 컵에 담아 먹는다. 푹 끓인 라면이 맛있는 내 입맛, 그렇게 독특한가?

너를 처음 만난 날

❋ ❋ ❋

    강원도 '인제' 그리고 정월의 '기린'은 너무나도 추웠다. 문고리에 손이 쩍쩍 붙는 엄동설한이었다.
    그해 정월 대보름날 25살의 산모는 산통을 느꼈다. 그런데 태어날 아기의 기저귀도 마련하지 못해 이 약국 저 약국을 찾아다녔다. 살 수 있을 만큼의 거즈를 방 안 가득히 모아 뒀다. 그리고 아파 오는 배를 살펴 누르며 뱃속의 아기를 달랬다.
    "아가야, 참아라. 참아 다오."
    사정을 하며 손바닥만 한 기저귀를 꿰맨다. 촘촘한 면이 아닌 구멍이 숭숭 뚫린 거즈 기저귀가 하나씩 둘씩 방에 쌓여 간다.
    산모의 눈에 포대기가 들어온다. 다섯 번이나 다시 만든 아기의 이불과 요를 보니 눈물이 난다. 한복집 주인의 비웃는 듯한 야릇한 미소와 안됐다는 듯 혀 차는 소리가 지워지지 않는다. 귀한 손주를 보면서도 아무것도 준비해 주지 않는 시어른들의 무심함이 25살의 산모를 외롭고 무섭게 몰아간다.
    달이 떠오른다. 보름달이 둥그렇게 오른다. 주위에는 아무도 없다. 통증이 심하고 하늘이 노랗게 보여야 아기가 나온다는데, 아직 천장은 노랗게 보이지 않는다. 언제쯤이면 될까.

우리 아기는 정상일까. 손가락은 꼭 다섯 개여야 하는데, 발가락도 역시 다섯 개씩 있어야 하는데, 아무것도 알 수 없으니 떨리고 무섭다,

산모는 아득한 옛날의 엄마를 생각한다.

'엄마, 엄마도 이랬나요? 엄마도 이렇게 무서웠나요?'

수없이 불러 본다. 엄마, 엄마, 엄마….

그렇게 세상에 나온 아기는 형광등 불빛에 눈이 부신 듯 눈을 찡그리며 바라본다. 아직 새빨간 핏덩이 그대로다. 곧이어 입을 오물거리더니, 갑자기 힘찬 울음을 토해낸다.

"응애, 응애, 응애…."

귓가에 들리는 아기의 울음소리가 어느새 가물거린다. 아기와의 첫 만남은 정월 대보름달이 떠오를 때다. 산모의 가슴 가득 조용하고도 은근한 서러움이 들어찬다. 25살의 산모는 생각한다.

'우리 아기는 외롭지 않게, 누구에게나 밝게 비추는 보름달처럼 키울 거야. 은은하고 그득하며 아름답고 착하고 바르게 키울 거야.'

보석보다 귀한 보석을 가슴에 안고 집에 당도하자마자, 산모는 깊은 잠에 빠진다. 그렇게 정월 대보름날의 하루가 지나가고 있다.

첫아이의 장염

❋ ❋ ❋

첫딸이 태어난 지 6개월 됐을 때, 시아버지의 환갑이었다. 시집에서는 며느리도 보고 친손녀도 보게 됐으니, 돼지도 잡고 잔치를 벌이신다 했다. 시골은 환갑 잔치를 하면 온 동네 사람이 다 모이는 동네잔치였다. 어떤 집은 강아지까지 따라 오기도 했다. 게다가 잔치는 한 끼로 끝나지 않는다. 아침, 점심, 저녁 세 끼를 다 차려 내야 한다. 간간이 참까지 준비해야 하니 정신이 하나도 없다.

나는 하나뿐인 며느리라고 이리저리 불려 다니며 인사를 했다. 짬짬이 손님 대접까지 하려니, 몸이 열 개라도 모자라는 상황이었다. 도저히 아이를 돌볼 수가 없었다. 그래서 시고모님과 막내 시이모님이 다른 일은 전혀 안 하고, 오직 우리 아이만 책임지기로 했다.

나는 아이 우유병 여러 개에 분유 가루와 함께 영양제 비오비타까지 넣어 뒀다. 그리고 보온병에 뜨거운 물을 담아 줬다. 물만 부어 식혀서 먹이고, 다 못 먹은 것은 반드시 버리라 했다. 아무리 강원도의 날씨라지만, 8월의 날씨가 무덥기는 마찬가지였다. 특히 먹다 남은 건 금세 상하니, 남아도 아까워하지 말고 꼭 버리라고 수없이 설명해 드리고 약속도 받았다.
 손님맞이는 멍석을 깐 마당까지 이어졌다. 시끌벅적한 잔치는 끝날 기미가 안 보였다. 오후 3~4시쯤 됐을까? 시고모가 급히 나를 불렀다. 얼른 방으로 뛰어갔다. 그런데 아이가 이상하다.
 "왜 이래요?"
 "글쎄 아이가 우유도 안 먹고 자꾸 토한다."
 순간 나는 아기 우유에 생각이 미쳤다.
 "혹시 먹다 남은 우유 먹였어요?"
 그들은 대답을 피한다. 한여름 날씨에 먹다 남은 우유를 뒀다가 계속 먹였으니, 아이가 탈이 난 것이다. 상한 우유를 먹은 아이가 온전할 리가 없다. 화가 머리끝까지 치밀어 올랐다. 아이는 자꾸 토하더니 설사까지 했다. 일단 아이를 안고 조카의 병원으로 뛰어갔다. 누가 나를 부르든 말든, 지금 내게 중요한 건 내 아이다. 아니나 다를까. 장염이라 한다.
 아이는 먹지도 못하고 눈도 뜨지 못할 정도였다. 링거를 꽂고 아이를 안고 토닥거려도 축 처진 채 그 작은 몸뚱이에서 앓는 소리가 새어 나왔다. 얼마나 힘들면 어린 것이 이럴까 싶어 마음이 타들어 갔다. 남편도 병원에 왔다가 아이의 상태를 봤지만, 어쩔 수 없이 잔치를 치르는 집으로 다시 돌아갔다.
 저녁 늦게까지 아이는 축 처진 채로 있었다. 더는 토해 낼 것도 설사할 것도 없이 속이 다 비어 갔다. 그런데도 뭐가 더 나올 게 있는지 자꾸 토악질을 한다. 젖살이 통통하던 아이 얼굴이 금세 반쪽이 됐다. 잔치 준비를 하느라 며칠 전부터 시작된 중노동과 아이의 병치레에 나 또한 금방이라도 쓰러질 것만 같았다. 내 꼴을 본 간호사가 아이를 침대에 내려놓으라 했지만, 불안해서 그럴 수가 없었다. 게다가 아이는 나와 조금만 떨어져도 기운 없이 울었다.

나는 안타까운 마음에 아이와 함께 울었다. 지금까지 한 번도 탈이 난 적이 없는 건강한 아이였다. 그러니 더 겁이 났다. 늦게 알게 되신 시아버지와 시어머니가 오셨지만, 어찌 할 수가 없다. 발만 동동 구르며 '어찌 해, 어찌 해' 소리만 하신다. 시아버지가 손녀딸을 안고 얼러 보지만, 아이는 여전히 축 처진 채 그대로 있다. 나중에 들은 얘긴데, 당신의 동생인 시고모님과 처제인 시이모를 얼마나 야단을 치셨는지, 한동안 오빠와 형부 눈에 띄지 않게 다녀야 했단다. 첫 손녀가 그리 됐으니, 충분히 시부님의 마음이 헤아려진다.

아이는 일주일 지나 열흘이 되도록 차도가 없었다. 우리는 차를 대절해서 춘천에 있는 종합 병원에라도 가는 게 어떨까 의논했지만, 섣불리 움직이다가 더 큰일이 생길 수 있다는 말에 오도 가도 못하고 애만 태우고 있었다. 어찌한단 말인가. 조카 의사는 최선을 다해 보겠다고 말을 했지만, 아이의 차도가 보이지 않으니 애가 탔다. 아이는 단 일 분도 내 품에서 떨어지질 않았다. 가끔은 할아버지에게 안기기도 했지만, 아주 잠깐이었다. 애간장이 녹는다는 말을 그때처럼 실감한 적이 없다.

시간이 약이라고나 할까. 다행히 2주가 지나면서 조금씩 차도가 보였다. 보리차도 한 모금씩 먹여 보았다. 그때부터 아주 조금씩 나아졌다. 잔치 두 번만 치렀다면 사람 잡겠다는 말들을 동네 아주머니들이 하셨다. 내 꼴도 말이 아니었다. 원래도 마른 몸이었는데 아이와 함께 더 비쩍 말랐다. 그래도 아이가 나아가니, 나도 함께 낫는 것 같았다.

첫아이의 첫 번째 병치레로 놀란 이후, 아이에게 조금만 이상이 보여도 나는 심장부터 뛰었다. 아이를 키우며 비로소 나도 엄마로 성장해 갔다. 그렇게 애간장을 녹이며 키웠지만, 자식은 저절로 저 혼자 큰 줄 안다. 나도 그랬지만 엄마가 돼 보니 이제야 철이 든다.

산삼 후유증

❋ ❋ ❋

아이들 먹이려고 심마니에게 산삼을 부탁했다. 그런데 겨울이 다 지나고 새해를 맞이하도록 소식이 없었다. 3월도 지나고 4월 초가 돼서야 아주 작은 산삼 세 뿌리가 연한 이끼에 쌓여 우리 집에 도착했다.

남편이 아이들만큼은 자기처럼 부실한 몸이 되지 않도록 키우고 싶어 보약으로 산삼을 주문한 것이다. 인삼도 아니고 산삼이라 하니, 별것인 양 나도 많이 궁금했다. 막상 받아 보니 실망스럽게도 실 같은 잔뿌리였다. 내 표정을 본 심마니가 하는 말이, 크기는 보잘것없어도 10년은 충분히 묵은 것이라 했다. 10년이면 아기 삼에 속하지만 우리는 5살, 4살, 2살의 아이들에게 먹일 것이니, 그 정도도 충분하다 했다.

작다고 해서 값이 싼 것도 아니었다. 명색이 산삼이라 그렇단다. 아닌 게 아니라 향부터 달랐다. 그 작은 뿌리에서 뿜어내는 향기는 자꾸 코를 대게 했다. 산삼은 뿌리만 사용하는 줄 알았는데, 그게 아니란다. 잎과 줄기도 깨끗이 씻어 말린 다음 약재로 쓸 수 있다고. 다만 쇠는 닿게 하지 말라고 했다. 가루를 내어 뒀다가 눈병이 날 때 그 가루를 눈에 조금 넣으면 눈

병이 낫는다고 했다. 무적의 산삼이었다.

  그날 저녁 나는 산삼 뿌리를 손질했다. 줄기를 떼고 손톱으로 용두를 잘랐다. 작은 뿌리이다 보니 잘 잘렸다. 물기를 빼고 산삼과 꿀을 쟁반에 받쳐 아이들 셋을 나란히 앉혔다. 뭔지는 모르지만 아이들은 맛있는 것인 줄 알고 잔뜩 기대에 부풀어 있었다. 꿀을 찍어 큰딸 입에 넣어 줬다.

  "꼭꼭 씹어 먹어."

  달큰한 꿀맛에 덥석 입에 넣었는데, 씹을 때는 쌉쌀한 맛에 얼굴을 찡그린다. 그래도 용케 잘 씹어 삼켰다.

  "누나가 참 잘 먹네. 다음, 아~"

  둘째에게도 꿀을 발라 먹였다. 찡그리기는 했지만 아무 말 없이 잘 먹었다. 보채는 막내까지 다 먹이고 재웠다. 좋은 약초로 아이들 모두가 건강해지길 바랐다.

  하룻밤이 지났다. 여느 때처럼 아침밥을 준비하고 애들을 깨웠다. 큰애와 막내는 별 탈 없이 일어났다. 그런데 둘째가 이상하다. 얼굴이 붉고 열이 나 있다.

  "엄마, 머리 아파."

  이마를 짚으니 뜨끈뜨끈하다.

  "왜 열이 나지? 감기가 들었나?"

  처음에는 대수롭지 않게 생각했다. 둘째만 좀 더 누워 쉬라 하고 아침상을 차려 방으로 들어왔다. 시어머니도 남편도 아침을 먹기 위해 모였다. 다시 둘째를 안았는데 몸이 불덩이리였다.

"왜 그러지?"

남편과 시어머니도 아이를 만져 본다. 나는 바로 물수건을 해 와서 아이를 닦기 시작했다. 그러나 열은 내리지 않고 점점 상태가 심해졌다. 의사인 장조카를 데려오라고 사람을 보냈다. 공교롭게도 장조카는 늦게까지 술을 마셔 일어날 수가 없는 상태라는 전갈이 왔다.

그 순간 갑자기 아이의 호흡이 조절이 안 되더니 경기를 했다. 그러고는 안고 있는 내 품에서 사지가 축 늘어졌다. 그리곤 숨을 쉬지 않았다. 시어머니도 한의원을 불러 오라 소리를 치고, 남편은 내 품에서 아이를 낚아챘다. 그리곤 바로 인공호흡을 시작했다. 코로 빨고 입으로 불고를 얼마나 했는지 모른다. 남편은 쉬지 않았다. 모든 일이 순식간에 벌어졌다.

큰아이와 막내는 뭐가 뭔지 모르는 중에도 큰일이 났다는 걸 알았는지, 두 손을 맞잡고 울고 있다. 그 애들까지 챙길 여력이 없었다. 남편은 쉬지 않고 아이에게 인공호흡을 하느라 땀을 뻘뻘 흘렸다. 아이가 어떻게 될지 몰라 너무 무서웠다. 순간 남편의 입에서 피가 나왔다. 둘째의 코에서 피가 터진 것이다. 그리고 아이는 비로소 숨을 쉬기 시작했다. 뒤이어 아이는 큰소리로 울기 시작했다.

"됐다, 됐다."

남편은 아들을 안고 됐다는 소리만 연거푸 했다. 남편이 아들을 살린 것이다. 방에 있던 식구 모두 한목소리로 울었다. 그 짧은 순간에 우리는 천국과 지옥을 오갔다. 그때 남편이 없었더라면, 그 순간 남편이 그런 판단을 하지 않았더라면 둘째가 어떻게 됐을지, 지금 생각해도 끔찍하다.

그제야 한의원 할아버지가 오시고 또 술이 덜 깬 조카 의사도 왔다. 한의사와 양의사가 이리저리 진찰을 하더니 결론을 냈다. 둘째에게는 선천적으로 산삼이 맞지 않았던 것이다. 비싼 삼 뿌리라도 먹여 건강하게 키우려고 한 건데, 하마터면 아들을 잡을 뻔했다. 보약이라고 누구에게나 좋은 건 아니었다. 무식한 부모 때문에 큰일을 치를 뻔했으니 간담이 서늘했다.

그날 무리한 탓에 건강이 악화된 남편은 다시 서울에 있는 병원에 입원을 하게 됐다. 죽어 가는 아이와 씨름하느라 얼마나 애를 썼으면 그리 됐을까 싶다. 열흘 후 퇴원하고 집으로 무사히 돌아왔다. 부모 자식 사이, 가족이란 이름으로 못 할 게 없었던 시절이었다. 다행히도 첫째와 막내는 체질에 잘 맞았는지, 자라면서 감기 한번 걸리는 일이 없었다. 산삼, 아무에게나 먹이는 게 아니다. 그래도 그 아이가 지금 나이 50이 됐다.

아버지의 용기

❋ ❋ ❋

　1980년 9월 말쯤, 이북에서 공비가 내려왔다고 강원도 일대는 초비상이었다. 오후 6시부터 통행금지가 시행되고 마을에는 흉흉한 소리들이 오고 갔다.

　그때 막내가 세 살이었는데 무얼 잘못 먹었는지 오전부터 토하기 시작했다. 집에 있는 상비약을 먹였는데도 나아지기는커녕 더 심해졌다. 이제는 설사까지 한다. 첫아이 키울 때의 경험으로 봐서 토하고 설사하면 장염일 수도 있다는 생각에 다시 조카네 병원으로 갔다. 주사도 맞고 약도 먹였지만 쉬 낫지 않으니 내 마음이 진정되지 않았다. 그때 인제종합병원이 개원한 지 삼 년이 됐을 무렵이다. 아무래도 아이를 데리고 그 병원에 가야 할 것 같았다. 남편과 나는 택시를 불러 병원에 가기로 했다. 때가 때였으니만큼 6시 이후로 통행금지가 걸려 있어서 임시 통행증을 받았다.

　하지만 현실은 달랐다. 면을 조금 벗어나니 20m 간격으로 무장군인이 총을 들고 서서 일일이 확인하고 지나가게 했다. 그때 차로 인제병원까지는 약 1시간 정도면 갈 수 있는 거리였다. 한데 얼마나 검문을 자주 하던지, 그 사이에 아이가 어떻게 될까 봐 너무 무서웠다. 어떤 곳에서는 통행증을 보여 주었음에도 그걸 무시하고 총구를 겨누기까지 했다. 1970~80년대만 해도 삐삐나 핸드폰이 없던 시절이라, 피차 간 무전기에 의존할 수밖에 없었다. 그렇다고 해서 무전이 잘 터지는 것도 아니었다. 주위는 어둡고 쥐새끼 한 마리도 움직이지 못하는 상황이었다.

아이가 토하며 연거푸 설사를 하는데도 이 젊은 병사는 우리를 가지 못하게 총구를 겨눈다. 한시가 급했다. 아이는 이미 탈진이 돼 축 늘어져 있다.

"제발… 애가 죽어요. 보내 주세요. 눈에 안 보여요?"

악에 받친 나도 소리를 쳤다. 그들은 무전에 답이 와야 보내 준단다. 이런 고비가 몇 번이었던가. 별 뾰족한 수가 없었다. 빨리 병원에 도착하는 게 최선이었다. 국가 방위도 중했지만, 부모인 나는 그런 것보다 우리 아이가 우선이다. 그때 남편이 소리를 질렀다.

"그냥 총을 쏴. 날 쏘고 애들 엄마와 아이는 병원에 가게 해 달라고!"

순간 무슨 소리를 들은 건지 정신이 아득해 온다. 얼마나 다급했으면 자신을 인질로 잡아서라도 우리를 보내 달라 했을까. 그러나 군인은 꿈쩍도 안 한다. 남편이 차에서 내려 그 군인의 뺨을 마구 때렸다.

"너 안 보내 줘서 우리 애가 잘못되면 너 내 손에 죽는다."

 남편도 이성을 잃었다. 택시 기사까지 내려서 겨우 뜯어말렸다. 그때 무전기에서 통과시켜도 된다는 연락이 왔다. 그제야 우리더러 가라고 한다. 세 시간을 넘어 겨우 병원에 도착했다. 병원에서는 진작부터 아이를 기다리고 있었다. 진찰을 하고 수액을 맞아야 하는데, 우선 주삿바늘을 꽂을 혈관을 이마에서 찾는다고 했다. 어린아이들은 팔다리가 아니라, 이마의 머리칼을 밀고 거기에 꽂는다 한다. 그것도 한 번에 혈관을 찾지 못해 여러 곳에 바늘을 찔러 댔다. 그 모습을 보고 있자니 내 마음은 천 갈래 만 갈래로 찢어졌다. 아이는 울 기력도 없이 축 늘어져 있다. 에너지가 넘치던 아이는 눈도 뜨지 못하고 가는 숨을 겨우 쉬며 앓는 소리를 냈다.

 가지 많은 나무 바람 잘 날 없다더니 딱 내가 그렇다. 아이가 셋이다 보니 하루도 편할 날이 없다. 그래도 종합 병원에 오니 여러 가지로 안심이 되기도 했고, 수녀님께서 자주 와서 기도도 해 주시니 마음이 안정됐다. 아이도 조금씩 회복되어 갔다. 꼬박 일주일을 병원에서 보냈다.

 시간이 흘러 공비도 잡혔고 통금도 해제됐다. 우리 집도 나라도 일상으로 돌아왔다. 우리 아이는 아파도 절묘하게 그런 시기에 아파서, 아버지의 용기를 실험하는 셈이 됐다. 군인이 총구를 이마에 대고 있는데, 쏘라고 할 수 있는 맞짱은 아들의 아버지였기 때문에 가능했을 것이다.

그 용기는 세월이 흘러도 없어지거나 버려서는 안 되는데, 그대 지금은 어떠신가요? 그 아들의 아버지, 그대는 지금 어떤 마음인가요? 아들을 향한 그때의 마음이 아직도 남아 있는지 정말 묻고 싶습니다.

홍해삼

❋ ❋ ❋

　결혼 20년 차 되던 1993년, 제주도로 2박 3일 기념 여행을 떠났다. 며칠을 비운다는 생각에 여행 전날 밤 늦게까지 사무실에 남아 정리를 마치고 새벽 일찍 김포공항으로 갔다. 7시 20분 비행기였다. 거의 뜬눈으로 새벽에 집을 나섰던 처라 탑승하자마자 금세 잠이 들었다. 잠깐 눈 붙인 것 같은데 벌써 제주공항이다.

　공항 근처에서 렌터카를 빌렸다. 해변 도로를 가는데 슬슬 졸음이 오기 시작했다. 아침을 먹어 배는 부른데 아직 잠이 부족했던 거다. 우리는 도로 옆 나무 밑에 차를 대고 조금 더 자기로 했다. 얼마를 잤을까. 서로 코 고는 소리에 깼다. 그야말로 코가 비뚤어지도록 잔 것 같다. 우리는 마주 보고 웃었다. 지나가는 사람들이 흘깃거리며 쳐다본다. 목적지를 정하지 않고 그냥 도로를 달리다 보니, 머리가 좀 개운해졌다.

　서행하던 우리 앞에 어디선가 해녀들이 나타났다. 망태기를 꺼내니 순식간에 작은 장이 선다. 전복, 멍게, 해삼, 소라 등을 꺼내 판매를 시작한다. 즉석에서 손질해 파는 해산물 장터다. 나는 커다란 홍해삼이 눈에 들어왔다.

"난 저 홍해삼 먹을래요."

그러자 남편이 가격을 묻는다.

"5만 원입니다. 이 홍해삼은 바다 깊은 곳에서 잡아와서 조금 비싸요."

30년 전에 5만 원이라니 비싸긴 했다. 그러나 해녀 얼굴에는 깎아 줄 기미가 없다. 남편은 너무 비싸다며 자리를 뜬다. 나는 내심 그런 남편이 야속했다.

"나 혼자 왔으면 벌써 내 입에 들어갔을 텐데."

아내와 단둘이 온 여행에서 가격이나 따지는 남편이 정말 쪼잔하게 느껴졌다. 당시로서도 싼 건 아니었지만, 주유소가 성업 중이라 홍해삼 못 먹을 정도의 가정 경제는 아니었다. 게다가 결혼 기념 여행이 아닌가. 물론 남편은 바다 생물을 전혀 먹지 못하는 사람이다. 아마도 둘이 같이 먹을 거였다면 비싸도 샀을 것이다. 나 혼자 먹는 데 그 돈을 쓰기 아까워한다는 생각이 드니 부아가 났다.

"아니, 내가 그 정도도 안 돼요?"

급기야 분통이 폭발했다.

"가자. 제주도는 무슨, 그냥 집으로 가."

심술이 나니 단 일 분도 이 제주도에 있고 싶지 않았다. 막무가내로 집으로 가자고 재촉했다, 머쓱해진 남편이 입을 연다.

"내일 모레 비행긴데 어떻게 가."

"공항 가서 되는 대로 바꾸면 돼."

결국 공항에 와서 오후 3시 30분 비행기로 티켓을 교환했다. 점심도 굶고 그렇게 당일에 다시 집으로 돌아왔다. 모두 놀란 얼굴로 우리를 맞았다. 아무 말도 하기 싫었다. 홍해삼을 먹지 못해 왔다는 소리는 더욱 하고 싶지 않았다. 우리 부부의 표정이 심상치 않으니, 아무도 더 묻지 않았다.

그렇게 며칠이 지났다. 큰아들이 야간 수업을 빼먹고 수산물 시장에서 홍해삼을 사 왔다.

"엄마. 이것 땜에 아빠랑 싸우고 그냥 왔다며."

조금은 부끄러웠지만 아들에게 그날 사정을 따따따 얘기해 줬다. 그러자 어느 편도 들 수 없다고 판단했는지, 아들은 그냥 웃기만 한다.

"엄마, 나도 이 해삼 별로야. 엄마가 좋아하니까 한 점 먹어 보는 거지."

나는 아들이 사다 준 해삼을 맛나게 먹었다. 엄마를 이해해 주는 아들이 있어 행복했다. 일생 단 한 번의 이벤트는 그렇게 홍해삼 사건으로 영원히 이별하고 말았다. 이후 지금까지 그 어떤 명목으로도 남편과는 함께하지 않았다.

짝사랑

✽ ✽ ✽

    장마가 시작됐다. 연일 날씨가 우중충하고 어제 큰 비까지 내린 뒤라 습하고 더워 무척이나 끈끈하다. 그런 날이면 방에 드러누워 이 생각 저 생각에 빠진다. 좋은 일도 있었을 텐데, 영혼의 따귀를 맞은 것 같은 일들만 떠올라 괜시리 눈물이 난다. 자리를 털고 일어나 외출 준비를 했다. 작은아들 집으로 향했다.

    두 아들 가운데 작은아들이 먼저 결혼을 했다. 그리고 예쁜 손자와 손녀를 낳았다. 그 손자와 손녀는 내 생애 최고의 선물이자 보물이다. 항상 같이 있고 싶었고, 언제나 바라보고 싶었다. 하지만 바쁘단 핑계로 그리 자주 만나진 못했다. 잠깐 잠깐 사무실로 와서 보고 돌아가거나, 연례행사 때 만나는 게 전부였다. 그렇게 시간은 흘러갔고, 손자 남매는 초등학교에 입학했다. 손주들을 자주 보고 싶어 했던 내게 아주 좋은 생각이 떠올랐다. 궁금한 것을 아이들과 편지로 주고받으면 어떨까 싶었다.

    그때부터 나는 일주일에 한 번씩 손자 손녀에게 편지를 썼다. 나는 아이들의 키와 발은 얼마나 컸는지, 어떤 색깔을 좋아하는지, 먹고 싶은 것은 무엇인지, 학교 짝과는 사이가 좋은지 등 모든 게 궁금하기만 했다. 손주들에게 내 궁금함은 이해하기 어려울 수도 있을 것이다. 그러나 내게는 너무나 소중한 일이었기에, 편지 쓰기를 멈추지 않았다. 아이들의 답장이 오면 하루가 행복했다. 답장이래야 간단하다.

'할머니! 안녕하세요.
할머니 저는 할머니의 편지를 기다리고 있어요.
할머니 답장을 빨리 받고 싶어요.
답장 보내 주실 거죠?
안녕히 계세요 할머니.
I love you.
이채은 실비아 올림.'

'할머니께.
그동안 안녕하셨어요?
방학이라서 티비를 몰래 보곤 해요.
그때가 좋아요. (호랑이 그림)
그림을 많이 그릴 수 있어서 좋아요.
할머니는 언제가 좋아요?
지형이 올림.'

'할머니 스티커 정말 감사합니다.

할머니 할머니께서 오빠 생일 축하를 할 때

오빠 편을 들어 주어서 무척 속상했어요.

그러지 안(않)았으면 좋겠어요.

오래오래 행복하게 사세요.

안녕히 계세요.

이채은 올림.'

손자 손녀가 초등생 때 쓴 손편지들. 저자의 보물 가운데 하나다.

짧은 문장에도 나는 오금이 저려온다. 인생의 행복이 별게 아님을 온몸으로 알아차리는 순간이다. 그 말이 너무 고마워서 답장 편지 속에 빳빳한 천 원짜리 다섯 장을 넣어 준다. 오천 원의 용돈을 받기 위해 쓰기 싫은 걸 억지로 쓴 편지도 있어 보이지만, 나는 너무나 사랑스럽고 고마웠다.

그렇게 3, 4년이 흘렀다. 나는 아이들의 답장을 차곡차곡 모아 뒀다. 그리고 며느리에게도 내가 보낸 편지를 버리지 말고 잘 보관해 달라고 부탁했다. 먼 훗날 할머니를 기억할 수 있는 추억이기 때문이다. 궂은 날씨처럼 심경이 사나워지는 날이면, 나는 손주들의 편지를 보며 웃었다. 그러면 행복해졌다. 비록 짧은 순간이어도 행복이라는 깃발이 내 안에서 펄럭거렸다.

아들네 집으로 가는 길, 벌써 가슴이 두근거렸다. 그런데 며느리의 대답에 크게 실망을 하고 말았다. 내 기쁨의 순간이 높은 파도에 휩쓸려 간 것만 같았다. 그동안 나는 아이들에게 편지를 쓸 때, 온 마음과 사랑을 담는 건 물론이거니와 아이들이 좋아할 만한 스티커를 사기 위해 문방구를 돌아다니기도 했다. 손녀가 좋아하는 공주 스티커, 손자가 좋아하는 자동차 스티커를 사면 그렇게 행복했다. 내 사랑을 닮은 하트 스티커를 줄줄이 붙이고 종류별로 구입해 넣어 주기도 했다. 그러면 아이들도 자기가 아끼고 좋아하는 스티커라며 특별히 붙여 보내 주기도 했다. 어린이 동시 대회에서 예쁜 동시를 써서 상을 받은 손녀의 시는 여전히 내 머릿속에 저장돼 있다.

그런데 그 모든 편지가 다 없어졌다니, 머리가 땡했다. 화가 났지만 표현을 못 하고 쓸쓸한 마음으로 돌아올 수밖에 없었다. 한번 잘 찾아봐 달라고 부탁했을 뿐이다. 얼마나 속상하던

지 돌아오는 길에 처음으로 며느리에게 욕이 나왔다. 내 소중한 시간이 허망하게 사라져 버린 데 대한 서운함이 컸다. 집에 와서도 섭섭함이 지워지지 않았다.

한번은 손녀에게 여행을 가자고 한 적이 있다. 손녀도 딱히 거절하지 않아 여행을 진행했다. 손녀는 중3이었고 곧 고등학생이 되니, 앞으론 시간이 더 없을 것 같았다. 여행지는 튀르키예로 정했다. 세계사의 근원이 되는 곳이기도 해서 세계 역사 공부에도 좋을 것 같아 재차 묻지도 않았다.

그러나 그건 나 혼자만의 짝사랑이었다. 아쉽고 당황했지만 여행이 무산된 이유를 들으며 한편으로는 반성하는 계기가 됐다. 손녀는 별로 친하지 않은 친할머니와 열흘씩 같이 있다는 것이 불편하다고 했단다. 아이들을 향한 그간의 시간이 눈치 없는 짝사랑이었다는 걸 확실히 확인하는 순간이었다.

이 생각 저 생각이 떠올라 쉬 잠이 들지 않았다. 세상에서 가장 소중한 것을 잃어버린 사람처럼 그냥 뜬눈으로 밤을 지새웠다.

편지

✽ ✽ ✽

오전 내내 비가 내린다. 낮 2시, 희뿌옇던 하늘이 아주 시커멓게 어두워진다. 비는 하루 종일 내리려고 작정을 한 기세다. 오랜만에 이리 뒹굴 저리 뒹굴 한가한 시간을 보내고 있다. 갑자기 묵은 편지가 생각났다.

나는 손자 손녀에게 보낸 내 편지에 집착을 많이 했다. 그래서 내가 보낸 편지들을 잘 간수하지 못하고 잃어버린 며느리를 속으로 탓했다. 내가 보낸 정성만 오매불망 기억해선지, 내 마음 기준에 미치지 못했다고 생각하자 몹시 섭섭했던 것이다.

문득 손주들 편지뿐만이 아니라, 지금까지 보관해 온 다른 편지 뭉치를 찾아보고 싶은 마음이 생겼다.

'어디에 뒀더라?'

오래된 편지가 보관돼 있을 법한 곳을 하나하나 뒤졌다. 그런데 얼마나 잘 뒀는지 아무리 뒤져도 손에 잡히지 않는다. 숙제도 아니건만 괜시리 마음이 급하고 속이 탄다. 거기엔 친정엄마가 결혼 초에 보내 준 편지도 있고, 동생들이나 친구들이 보낸 편지들도 있다. 아들을 군대에 보내고 걱정 가득한 마음으로 썼던 편지와 생일 카드, 성탄절 카드 등 한 더미의 시간이 쌓여 있을 것이다.

'혹시 버렸나? 아냐, 그런 거 함부로 버릴 내가 아니지. 분명히 어디 있을 거야.'

어렵게 찾더라도 편지 뭉치가 어디엔가 잘 숨어 있길 바랐다. 그때 하필 아들이 내게 붙여준 별명이 생각났다. 어디엔가 잘 감춰 두고 먹이를 못 찾는 다람쥐.

혹시 모를 분실에 대한 불안감과 그리움이 겹치면서, 혹 하고 열이 났다. 그때 작은 가방들이 들어 있는 문간방에 생각이 미쳤다. 수많은 가방이 빼곡히 있었다. 가방을 하나씩 열고 손바닥으로 쓸어볼 때, 상자 하나가 손에 잡혔다. 드디어 찾았다. 나는 난장판이 된 방을 치울 생각도 안 하고 쪼그리고 앉아 상자를 열었다. 그리고 한 장 한 장 꺼내 읽기 시작했다.

가장 먼저 눈에 보인 건 친구 현숙이의 편지다. 현숙이라는 이름을 보는 순간, 왈칵 눈물이 났다. 50년이 훨씬 넘는 세월 동안 우정을 쌓아 온 친구였고, 내내 그리워한 친구의 편지를 보니 가슴이 뭉클했다. 뒤이어 왜 친정에 오지 않았느냐며 걱정하던 동생 편지가 몇 통이나 됐다. 갑자기 보쌈을 당하듯 시집을 가서, 주변 모두를 놀라게 하고 걱정하게 했던 나였다. 하도 연락이 안 되니, 이 사람 저 사람 수소문해서 강원도 산골까지 찾아온 지인도 있었다.

가만히 앉아 낡은 편지지를 하나하나 들춰 보니, 많은 사람이 내 안부를 궁금해하며 애타게 연락을 기다렸다는 걸 새삼 알았다. 나는 뭐가 그리 바빠서 제대로 답장도 못 했던 것일까. 하긴 당시 시댁인 강원도 산골에 들어오면서부터 감당할 수 없는 삶의 파도들이 밀물처럼 나를 덮쳐와, 나는 주변을 돌아볼 여유가 없었다. 그러니 마음 편하게 누구에겐들 편지를 써 내 사정을 털어놓고 싶었을까. 잘 참고 인내하며 살라는 어떤 편지에 눈길이 닿자, 또 왈칵 눈물이 난다.

눈물 콧물을 찍어 내며 나를 아껴 주던 이들의 편지들을 읽다 보니, 머리는 아팠지만 왠지 속은 시원했다. 눈물은 슬픔 때문만은 아니다. 50년 동안 쌓인 내 헛헛했던 마음이 어떤 힘에 이끌려 조금씩 떨어져 나가는 것이 느껴졌다. 좀 더 일찍이 편지들을 찾아볼걸, 왜 이렇게 오래 묵혀 뒀을까 후회가 됐다. 그동안 불행한 일들만 곱씹으며 외로워하고 괴로워했는데, 묻어 뒀던 추억이 한꺼번에 되살아나니 잃어버렸던 소중함을 되찾은 것 같아 큰 행복감이 밀려왔다.

아들들에게 남겨 줄 유언 한 구절이 더 늘었다. 내 장례 때는 이 편지들도 함께 넣어 달라고 말하려 한다. 분신 같은 편지들과 나의 사람들, 살아 있으면 또 만나리라. 그때까지 모두 건강하게 살아 있어서, 꼭 얼굴 보며 피차 간의 지난 이야기를 나누고 싶다. 무엇보다 나의 소중한 사람으로 그곳에 존재하고 있어서 고맙다는 인사를 마음 담아 건네고 싶다.

최고의 커피

✽ ✽ ✽

　백수가 과로사한다는 말이 맞는 것 같다. 요즘 내가 그렇다. 딱히 드러나게 하는 일은 없는데 뭐가 그리 바쁜지 모르겠다. 아침 7시 30분경, 손자한테 전화가 왔다. 학교에 참관 학습이 있으니 꼭 좀 와 달라 한다.
　이 전화는 처음이 아니다. 한 달 전 중국 여행을 가기 위해 인천공항에 있을 때였다. 탑승 직전에 손자에게서 전화가 왔다. 그날도 수업 참관에 와 달라는 전화였는데, 여행 때문에 부득이하게 못 간다고 했다. 손자도 나도 많이 섭섭해했다. 다음엔 꼭 가겠다고 약속을 하고 끊은 일이 있었는데, 그게 오늘이다. 나는 선약을 모두 취소하고 손자 학교에 가기로 마음을 먹었다.
　무슨 공개 수업인지는 모른다. 설명도 없이 그냥 오란다. 손자는 내가 학교에 도착할 때까지 수시로 문자로 확인을 했다. 지금 어디냐, 오고는 있느냐, 빨리 좀 와라 시간 시간을 궁금해했다. 나는 일일이 대꾸하지 않았다. 그냥 짠 하고 나타나는 게 더 극적일 것 같아서다. 오전에 급한 일을 대충 처리하고 김밥을 한 줄 사서 차 안에서 끼니를 해결한 후 학교로 향했다.

손자네 학교엔 입학식 때 가 보고 처음이다. 현관 입구에서 선생님의 설명을 듣고 4층으로 올라갔다. 두리번거리며 교실을 찾아가니, 여러 명의 아이들과 선생님이 계셨다. 먼저 도착한 듯한 학부형 두 분이 눈을 맞췄다. 손자는 나를 보자마자 뛰어와 덥석 안긴다. 몇 달 만에 만난 손자를 한참 올려다봤다.

"와, 멋져! 우리 지형이 많이 컸네."

"할머닌 왜 이렇게 쪼꼬매?"

손자도 나를 안아 준다. 교실을 자세히 돌아보니, 작은 카페를 옮겨 놓은 듯했다. 처음 보는 광경이다. 나는 옆에 있던 젊은 학부형에게 오늘이 무슨 수업이냐고 물었다. 그런데 이런 지가 벌써 삼 주나 됐다고 한다. 오늘 수업은 그간 진행했던 방과 후 수업을 실전으로 옮긴다고 한다. 방과 후 수업으로 모카 카페라테 내리는 과정이 있었는데, 한 사람씩 실력을 뽐내며 오늘 참관한 학부모에게 드리는 실습 현장이라고 했다. 염려도 되고 기대도 됐다.

순서대로 한 명씩 나와 배운 솜씨를 발휘해 조심스레 커피를 내리고 있었다. 제발 손자가 잘 해냈으면 하는 마음에 절로 떨리는 심정이 됐다. 나는 손자 얼굴에 구멍이 날 듯이 뚫어져라 바라봤다. 손자는 쟁반에 커피를 받치고 조심스럽게 걸어 내 앞에 가져다줬다.

"할머니, 맛있게 드세요."

"고마워. 잘 먹을게."

순간 눈물이 쏟아질 것 같았다. 나는 눈꺼풀을 빠르게 깜빡이며 눈물을 막았다. 오히려 손자는 조금 전의 조심스런 행동을 다 잊었다는 듯 펄쩍펄쩍 뛰며 제자리로 돌아갔다. 그 모습에 눈물은 쏙 들어가고 웃음이 빵 터졌다. 빨간 머그잔에 담긴 커피가 너무 아까워 마실 수가 없었다. 한참을 바라보다가 나도 젊은 사람들처럼 커피 사진을 찍었다. 너무나도 귀하고 행복한 순간이었다. 옆에서 엄마들이 마셔 보라 보챈다.

"아까워서요."

간신히 한마디를 했다. 손자도 내 반응을 궁금해하며 진지하게 쳐다보고 있다. 나는 숨을 크게 한 번 쉬고 커피를 맛봤다. 너무나 맛이 있었다. 엄지 척을 해 줬다. 이렇게 맛이 깊고 향기로운 커피 맛은 세상에 다시없을 것 같았다.

수업이 끝나고 아들 부부에게 사진과 문자를 보냈다. 순간 아들과 며느리에게 미안한 생각이 들었다. 이 첫 잔을 내가 먼저 먹게 된 것이 미안하고도 고마웠다. 아들 부부의 노고에 감사하다는 인사도 빠뜨리지 않았다. 커피 향과 혀에 감기던 달콤한 라테 맛의 여운이 오래도록 지워지지 않았다.

친할머니

✽ ✽ ✽

  막내아들은 손자와 손녀를 연년생으로 낳았다. 너무나 소중한 보석들이다. 둘째 손녀는 2.3kg의 작은 몸으로 태어났다. 그래도 다행인 건 딱 2.3kg로 태어나 인큐베이터엔 들어가지 않았다. 그런데 하루가 지나니 오히려 100g이 줄었다. 세상 밖에 나와 수분이 빠지니 줄었다 한다. 잘 먹으면 체중이 는다고 해서 마음이 놓였다.
  의사 말대로 시간이 지나니 손녀는 조금씩 체중이 늘어 갔다. 며느리가 출산으로 얼마나 힘이 들었는지 눈에 실핏줄이 터졌다. 산모와 신생아를 지켜보는 마음이 많이 아팠다. 며느리가 조리원에 있을 때 나는 영상 편지를 통해 진심을 다해 고마운 마음을 전했다. 내 출산 때의 기억과 겹쳐서인지 며칠간 가슴이 먹먹했다.
  며느리는 조리원 생활을 마치고 집으로 돌아갔다. 연년생의 아이를 혼자 보기에는 어리고 몸도 약한 며느리였다. 그렇다고 나 또한 몸으로는 돌봐 줄 수 없는 형편이다. 지체 없이 베이비시터를 보냈다. 늙어서 고생하니 지금부터 몸을 아끼라 했다. 물론 내 아들 힘들게 하지 않기를 바라는 마음도 있다고 웃으며 덧붙였다. 며느리도 웃었다.

두 아이는 쌍둥이같이 예쁘게 잘 자랐다. 나는 손자 손녀 보는 재미에 푹 빠졌다. 눈에 넣어도 안 아프다는 표현을 매 순간 실감한다. 역시 내 새끼는 예쁘다.

이제 아이들이 말을 하기 시작했다. 내 나이 오십 중반을 넘고 나서야 할머니 소리가 편안했다. 이번에는 아기들이 '할미, 할미' 불러도 좋으니, 언제쯤이면 말을 할까 기대가 됐다.

며느리는 교육을 참 잘 시킨다. 예의범절과 호칭의 규칙을 구분해 정확히 알려준다. 어느 날 두 손자 손녀가 나를 빤히 쳐다보면서 말했다.

"친할미"

힘들게 '친'자를 꼭 붙여 가며 부르더니, 좀 더 커서는 '친할머니'라 부른다. 왠지 그냥 섭섭한 마음이 들었다. 그냥 할머니라 부르라 했다. 그러자 두 눈을 동그랗게 뜨고 말한다.

"엄마가 친할머니라고 부르라 했어요. 꼭 그래야 한다고요."

그럼 외가에 가면 외할머니라고 부르는가 물었더니, 역시 우리 며느리의 교육은 정확했다. 외할아버지 외할머니, 친할아버지 친할머니라고 부른다 했다. 좀 섭섭했지만 차라리 구분이 확실해서 좋다.

어처구니없는 할머니 타령은 지금보다 푸르던 내 오십 대 시절의 에피소드다. 지금은 그 누가 봐도 대한민국 할머니다.

엉덩이에 뿔 난 시어머니(1)

❀ ❀ ❀

둘째 아들에게 사랑하는 여자가 생겼다. 나도 시어머니가 된다고 생각하니 마음이 이상했다. 평생 며느리로만 살아왔기 때문이다. 나는 며느리가 되면서 내 시어머니 같은 시어머니는 되지 않겠다는 굳은 결심을 수없이 해왔다. 너무나 징글징글했기 때문이다. 그런데 막상 시어머니가 된다고 생각하니 어떻게 해야 시집살이를 시키지 않는 시어머니가 될까 알쏭달쏭했다.

10월 중순 어느 날 예비 며느리에게서 전화가 왔다. 반가웠다.

"여보세요? 상도 어머니세요?"

순간 나는 내 귀를 의심했다. 시어머니 될 사람에게 상도 어머니라니, 이건 뭔가 잘못된 듯했다. 대답을 안 하고 가만히 듣고만 있었다.

"여보세요? 여보세요?"

다급히 부른다. 나는 천천히 대답을 했다.

"네."

며느리는 당황했는지 말을 더듬었다. 나는 단답형으로 되물었다.

"왜?"

누가 들으면 화난 것으로 생각하기 쉬울 말투였다. 수화기 너머로 침을 꼴깍 삼키는 소리가 들렸다. 그때 옆에서 아들이 '엄마' 하고 부른다.

그들은 명년 5월에 결혼식을 올리기로 하고 예식장을 예약하러 다녔다. 둘 다 수원 시민이었기에 수원에서 예식을 하기로 양가 부모의 합의가 있었다.

"오후 3시에 수원경기장 예식부에 예약했어요."

눈치 빠른 아들이 뭔가 감지했는지 얼른 나서서 전달을 한다. 순간 나는 시어머니의 용심이 났다.

"왜 3시야? 내가 일찍 하라고 했잖아. 오전 11시가 없었어?"

내 목소리가 날카롭게 날아갔다.

"아니요. 11시 있어요."

"그럼 11시로 바꿔. 그리고 예비 며느리더러 모레 집에 들르라고 해라."

전화를 끊었다. 그런데 부끄럽게도 나는 며느리에게 큰 실례를 했다. 내 결혼식 때만 생각하고 요즘 결혼식은 신랑과 신부 중에서도, 특히 신부가 꽃이라는 걸 몰랐기 때문이다. 내 결혼식 날도 하객들이 새벽부터 대절 버스를 타고 와 되돌아가야 해서 하객들을 고려하느라 나도 11시에 했던 것만 기억했다. 아들 결혼식이 주일 오후 3시면 남의 시간을 너무 많이 빼앗아 버리는 거라 생각했다. 오전 11시면 식도 보고 식사도 하고 오후에 각자의 시간을 가질 수 있겠다 싶었다. 결과적으로 나는 아들과 며느리보다 내 하객들을 더 배려한 것이다.

며느리는 서울 강남에 있는 미용실을 이용하기로 했고, 드레스도 서울에서 대여했다 한다. 수원에서 서울을 오가면서 예식 준비를 하기엔 11시가 빠듯할 수 있다. 그런데 그 생각은 못 하고 시어머니 맘대로 결정을 한 셈이다. 사돈댁이나 며느리가 착하고 순해서 아무 탈 없이 지나갔지, 그날을 생각하면 몹시 부끄럽다. 천하의 고약한 시어머니, 엉덩이에 뿔 난 시어머니는 바로 나였다.

엉덩이에 뿔 난 시어머니(2)
✽ ✽ ✽

무엇이 잘못됐는지도 모른 채 이틀 후 며느리를 만났다.

나는 그날 전화를 끊고 A4용지에 빼곡히 번호를 매기면서 며느리에게 할 질문을 적었다. 서로 아는 것이 없으니 결혼 전에 미리 알고자 함이었다. 질문 사항을 문제지처럼 1번부터 계속해서 적고 또 적었다. 이런 내 모습을 보던 사무실 과장도 제발 참으라 만류했지만 나는 내 의지대로 꿋꿋이 궁금한 점을 적어 내려갔다. 그렇게 적다 보니 질문이 200개가 됐다.

걱정이 된 과장은 작은아들에게 내 행태를 넌지시 알려 줬다. 며느리와 의논하라는 것이다. 아들은 내 주위를 빙빙 돌며 도대체 엄마는 뭘 적었냐고 물었다. 난 비밀이라며 대꾸도 하지 않았다.

사무실 2층 작은 방에 며느리와 나는 마주 보고 앉았다. 불안한 듯 방석에 무릎을 꿇고 앉은 며느리에게 편히 앉으라 했지만 부동자세를 하고 있다. 차를 대접하고 질문에 들어갔다. 순서대로 차근차근 진행했다. 며느리가 곤란한 질문에는 대답을 안 해 시간이 많이 흘러갔다. 걱정이 된 작은아들은 아예 대놓고 방문 앞에 앉아 있다. 비키라고 몇 번이나 말했지만 아들도 요지부동이다. 그뿐 아니라 이젠 큰아들도 와서 비스듬히 벽에 기댄 채 나와 눈을 맞추려 하고 있다. 부담스러워 방문을 닫았지만 아들들에 의해 곧 열렸다. 나중에는 남편까지 신문을 가지고 와 안방에서 소리 내 읽고 있다. 우리 집 남자 3명이 문 앞에서 시위를 하고 있었다. 그래 봤자 나는 아직 묻지 않은 질문이 많았다.
"기다려. 아직 50개 남았어."
그러자 앉아 있던 남자들이 이제 방으로 들어왔다. 다음에 하라며 남편이 내 팔을 끌어당겼다.
"잠깐만!"
남자들을 모두 몰아내고 며느리와 마무리를 지었다. 결론은 서로 협조하고 사랑하며 잘 살자는 취지였다. 며느리도 잘 알겠다 했다. 나는 예비 며느리를 안심시켰다.
"나는 쿨한 사람이다. 결혼하면 고부갈등이나 시집살이 같은 건 없을 거야."
내가 생각하는 것과 상대방이 생각하는 것이 다를 수도 있다는 사실을 미처 생각하지 못한 처사였다. 그땐 이렇게 행동하는 내가 이상한 시어머니인 줄 꿈에도 몰랐던 것이다. 나는 이미 어른이고 며느리는 아직 어린 사람이라는 걸 깨닫지 못하고 나 혼자만 너무 앞서갔다. 며느리가 그때 얼마나 힘들었을지, 세월이 흐른 뒤에야 비로소 깨달았으니 나이만 어른이었던 게 바로 나다.

 그러나 천만다행인 것은 그 후로 나는 며느리에게 어떤 훈육이나 잔소리를 일절 하지 않았다. 며느리에게 자기 생각과 의지대로 하라 했기에 며느리도 그렇게 실천하며 생활했다. 시집에 안 오고 전화하지 않아도 나는 있는 그대로 수용했다. 자발적으로 우러난 행동을 원하기 때문이다.

 그때로부터 벌써 20년의 시간이 흘러갔다. 그 시절 나는 참 못된 시어머니의 표본이었다.

모녀의 대화

❋ ❋ ❋

 6개월마다 진찰받던 망막 검사를 이젠 일 년 후에 받게 돼서 좋다. 처음엔 3개월, 4년 남짓 될 때부터는 6개월, 그리고 작년부터는 일 년에 한 번씩 안과에 다녔다. 13년 전 망막이 3곳이나 찢어져 레이저로 꿰맸다. 조금만 더 늦었어도 실명이 될 뻔했다 해서 항상 조심하고 있다.
 그날도 눈은 흐릿하니 귀만 열려 있는데, 옆에 앉은 두 모녀의 대화가 들렸다. 그런데 그 모녀의 자세한 상황은 알 길이 없으나 딸은 화가 많이 나 있고 엄마는 매우 미안해하는 목소리였다.
 "왜 약을 아껴 왜? 약을 먹어야 낫지. 병을 왜 키우냐고!"
 "아유, 깜빡했어. 어쩌지? 선생님이 뭐라 하실 텐데."
 "선생님이 문제야? 엄마가 낫지 않으니까 그렇지!"
 딸은 속상해하는 목소리로 혀를 끌끌 찬다. 그러나 누가 챙겨 주지 않으면 나도 약 먹는 걸 가끔은 잊어버린다. 저절로 감정이입이 됐다.
 '너도 우리 나이 돼 봐라. 너는 안 그럴 줄 아냐.'
 도대체 어떤 딸이기에 엄마 맘도 모르고 저리 화를 내나 궁금했다. 고개를 살짝 돌려 보았다. 딸의 입은 엄마에게 화를 내고 있으나, 딸의 손은 엄마 눈을 보며 하염없이 엄마 얼굴을 쓰다듬고 있었다. 눈에 넣은 약 때문인지, 그 정겨운 모녀의 모습이 보고 있자니 눈물이 났다. 딸에게 혼나는 엄마가 부럽기까지 했다.

'아, 오늘 왜 이래.'

한참을 기다려 내 차례가 됐다. 검사 결과는 안심이다. 이제 일 년 후에 오면 된다. 마음이나 편히 지내야겠다.

된장의 부활

✽ ✽ ✽

　결혼 이듬해부터 나는 직접 장을 담가 먹었다. 그래서 우리 아이들은 집에서 만든 재래식 장에 길들여져 있다. 된장, 간장, 고추장을 좋아하는 우리 애들은 신세대 입맛은 아닌 듯하다. 특히 날 김을 구워 조선간장 양념에 찍어 싸 먹는 걸 좋아하는데 겨울이 되면 꼭 내가 만든 간장을 찾는다. 그러다 보니 국에 넣는 일보다 김에 싸서 먹는 양이 제법 많다. 된장과 고추장도 마찬가지다. 사서 먹는 것은 맛이 들척지근하다며 싫단다.

　그런 아이들인데 한동안 내게 장 이야기를 꺼내지 않았다. 남편과 큰 트러블을 겪으면서 내 생활이 엉망진창이 되었기 때문이다. 아들들은 4, 5년 전부터 장을 사 먹기 시작했다.

　이사할 땐 항상 항아리도 대이동을 했다. 된장 항아리를 포함해 30개는 족히 됐다. 오랜만에 된장 항아리를 열어 보니, 된장이 돌처럼 굳어 있고 색도 까맣게 변해 있었다. 수년간 강한 햇볕을 받아 수분이 거의 증발해 버린 것이다. 까맣고 딱딱하게 굳어 버린 된장을 보는 순간, 어쩜 내 마음과 똑같은 모양새일까 싶었다. 어디 하나 말랑하거나 부드러운 구석이 없다. 나도 수년째 단단해진 된장처럼 독을 피우며 살고 있었다.
 이 된장을 소생시켜야 하나 말아야 하나 고심을 했다. 살리자니 힘이 들고 그냥 버리자니 아깝다. 이제는 정말 시간이 없다. 연말 안에는 결정을 해야 한다. 뭐든 때가 있기 때문이다. 마음은 오락가락하면서도 단콩과 메주가루와 고추씨를 갈아 준비해 뒀다. 딱딱해진 된장을 쇠주걱으로 떼어 김치통에 옮겨 담으니, 큰 걸로 두 통이나 되는 양이다. 스테인리스 다라이가 작을까 싶어 초대형 고무 다라이도 챙겼다. 몇 년씩 묵혀 간수가 다 빠진 천일염도 없으면 안 된다.
 메주콩을 불려 삶고 밟아 으깼다. 콩물을 식힌 지 하루 반나절이 지났다. 돌덩이 같은 된장을 스테인리스 그릇에 담고 식힌 콩물을 부었다. 묵은 된장이 충분히 불을 때까지 기다리기로 한다. 이제는 고무장갑을 끼고 주무르기 작전에 들어간다. 손아귀가 아프고 어깻죽지도 아프다. 다른 재료들도 다 넣고 버무리며 주무른다. 된장 소생 작업은 3박 4일 간의 몸싸움 끝에 완성됐다. 양이 무척 많다.
 된장을 되살리면서 40년 전에 돌아가신 친정어머니가 생각났다. 가는 사람, 남은 사람 모두가 아무런 준비 없이 이별을 했다. 그 생각을 하면 맘이 슬프다. 어머니가 담근 마지막 김치를 씹으며 더 이상 엄마의 음식을 먹을 수 없다는 생각에 울었다. 된장을 주무르며 혹여 내가 이 세상에 없더라도 이만큼의 된장과 고추장, 간장 정도면 수년간은 먹지 않을까 생각했다. 이 장을 먹으며 아이들도 나와 같은 생각을 하겠지 싶어 힘들어도 최선을 다 해봤다. 자식을 향한 짝사랑, 그 불치병은 고쳐지지도 않는가 보다.

챕터 4

돈이 따라붙는 여자

땅따먹기 • 132

사기꾼 • 136

시이모의 아파트 • 142

보물, 내 골동품 • 147

선물(1) • 149

선물(2) • 152

선물(3) • 154

땅따먹기

✽✽✽

　1980년대 중반, 중복을 며칠 앞두고 부부 모임에 나갔다. '복드리' 모임이었다. 장소는 원천유원지 안에 있는 백숙집이다. 부부가 모이니 꽤나 많은 숫자였다. 얼추 사십 명은 돼 보였다.

　이 집은 유원지에서도 소문난 집이라 한다. 식당 안에는 우리 팀만으로도 꽉 채워졌다. 자리 배치를 누가 했는지 모르지만, 남자끼리 여자끼리 딱 나뉘어져 있었다. 그들은 술을 마시기 위함이고 여자들은 수다를 떨기 위함이다.

　기세 좋은 토종닭이 찹쌀을 품고 테이블 위에 놓였다. 여기저기서 탄성이 나온다. 닭이 크고 푸짐하니 모두 좋아한다. 모처럼 식당 안은 흥겨웠다. 실내에 오래 있다 보니 더워서 나는 슬며시 밖으로 나왔다. 산바람이 시원했다. 아예 식당 밖으로 나와 여기저기를 둘러봤다.

　마침 주인이 밖에 있기에, 얘기를 나누게 됐다 식당 자리가 좋아 보여서 물어보니, 그곳은 사실 무허가라고 한다. 그 약점 때문에 공무원들에게 시달린다는 얘기도 했다. 그러다가 뜻밖의 말을 한다. 그곳을 '구거지'라고 부른다 했다. 나는 땅을 임야, 대지, 전답으로만 구분하는 줄 알았다. 그런데 구거지라는 게 있다니 흥미가 당겼다. 계곡과 계곡 사이의 작은 골짜기에 물이 흐르다가 마르면 그곳에 땅이 생기는데, 그 땅을 구거지라 한다고 했다. 그런 곳에서 장사하는 사람이 의외로 많다는 것이다.

　나는 갑자기 가슴이 두근거렸다. 벌써 내 머릿속에는 거대한 땅따먹기 계획이 세워지고 있었다. 이 산속엔 많은 계곡이 있는데, 이곳 구거는 거의 다 물이 흐르지 않는다.

　모임이 끝나고 돌아와 밤새 궁리가 많아져 잠을 설쳤다. 지금부터 원대한 땅따먹기를 하기로 결심하고, 아침 일찍 시청으로 달려갔다. 거기서 어제 백숙집 구거지를 알아 왔다. 나는 그 백숙집을 기준으로 삼고 번지를 찾으며 지적도를 뗐다. 붙어 있는 임야도와 위아래 옆으로 수십 장의 지적도를 가지고 집으로 왔다.

　안방 벽에 투명 테이프로 지적도를 연결해 이어 붙였다. 지번을 찾아 하루에 20~30장씩 새로 떼어 왔다. 임야도와 지적도를 지번에 맞춰 가며 한쪽 벽을 채워 갔다. 수납장과 화장대 등은 거실로 내보냈다. 식구들은 이제 무얼 하려는지 묻지도 않았다. 식구들 눈에 나는 이미 이상한 짓을 하는 사람이다. 두 벽이 지적도로 다 채워졌다. 나는 구거지만 색연필로 칠을 했다. 빨간 면적이 꽤 넓다. 기분이 좋았다.

　이번에는 구거지의 토지대장을 뗐다. 시청 직원도 내가 두 달 넘게 들락거리니 도대체 뭘 하는 거냐고 묻는다. 나는 입을 꾹 다물고 시청 문턱이 닳도록 다녔다. 삼복더위에 시작한 일이 초겨울이 되어 마무리됐다. 나는 드디어 식구들에게 선포했다.

"우리 이제 만 평의 땅을 가질 수 있어."

그 말을 들은 식구들은 눈이 왕방울만 해져서 그게 무슨 말이냐 한다. 원천 유원지에 구거지가 만 평이 되니, 그걸 임대하고 3년 후에는 수의계약 한다는 정보를 입수했다고 설명해줬다. 식구들은 날더러 봉이 김선달이냐며 어이없어 한다.

그러거나 말거나 기대에 부푼 나는 모든 구거지 지번과 평수를 적어 민원실에 접수했다. 민원실 직원도 어이없는 표정을 짓는다.

"여지껏 시청을 그렇게 드나드시더니, 바로 이것 때문이었어요?"

모두 눈이 휘둥그레진다. 아무튼 민원은 접수됐다. 2주가 걸린다더니 열흘 후에 답변이 왔다. 불가하단다. 나는 시청으로 당장 쫓아갔다. 그들의 말은 이랬다. 그곳은 현재 사용하고 있는 사람 또는 구거지와 맞붙은 지주에게 우선권이 있단다. 물론 원칙대로 하면 그들이 돈 한 푼도 내지 않고 구거지를 무단 점유하며 살고 있는 건 맞단다. 그럼 모두 내쫓거나 임대료를 많이 받으라고 했더니, 그들은 그 말도 무시했다. 법이 아무리 그래도 이미 인정상 어쩔 수 없던 시절부터 자리를 잡았기 때문이란다.

나는 갑자기 비 맞은 작은 새가 됐다. 그때 내 계획이 시기적으로 지금이라면, 내 말이 딱 맞는 이론이다. 그러나 1980년대 당시만 해도 나 같은 생각을 하는 사람 자체가 없었다. 좋게 말하면 나는 너무 앞서간 사람이었다. 모두들 내 욕심이 과하다고 한다. 인정한다, 나는 엉뚱하게도 남의 것에 배 아파했다.

그런데 정신을 차려 보니, 바로 내 집 땅 옆에도 이미 구거지가 있었다. 전에는 작은 도랑처럼 물이 졸졸 흘렀고 이름 모를 작은 물고기도 있었다. 우리 아이들도 거기서 놀기도 하고 작은 새우도 잡았던 청정 구역이다. 우리 집 경계인 도랑 건너에는 산이 있다. 나는 다시 그곳을 구거지로 신청했다. 그랬더니 이번에는 받아 줬다. 내친김에 구조물 신청을 했더니, 그것도 받아 줬다. 우리는 지름이 120cm 되는 원통을 묻고 그 위에 시멘트를 부었다. 우리 집 원래 마당도 800평이 넘었는데, 구거지를 허가받아 넓혀 놓으니 100평이 넘게 땅이 커졌다.

처음엔 만 평을 탐냈다가 비록 백분의 일인 백 평밖에 못 얻었지만, 나는 땅따먹기를 제대로 했다. 나는 아직도 궁금한 게 너무 많다. 알고 싶고 갖고 싶은 것도 많은 욕심의 대가이다.

사기꾼

✱ ✱ ✱

분위기가 싸한 것이 이상했다. 나를 쳐다보는 눈빛들도 왠지 불편했다.

주일 미사가 끝나고 서로 인사를 나누는 과정에서도 불편한 시선을 느낀 채 집으로 돌아왔다. 한 주가 그렇게 흘러갔고, 다음 주 미사에 참석했다. 그날도 나를 바라보는 시선들은 여전했다. 왜 그러지? 내가 뭐 잘못한 일이 있었나 생각해 봤지만, 잘 모르겠다. 뭔가 개운치 않은 마음 상태로 한 달이 지나갔다. 하루는 나이 드신 형제님 한 분이 내게 말씀하신다.

"세실리아 님, 조심하고 나대지 마세요."

"네? 뭘요?"

여기까지 온 이상 이유를 물어봐야겠다고 생각했다. 자판기 커피를 한 잔 빼서 그분과 마주 섰다.

"조금 전에 하신 말씀이 무슨 뜻인지 알고 싶어요."

아무리 생각해도 남에게 그런 소리를 들을 만한 행동을 한 적이 없다. 그런데 이 형제님 또한 연세도 지긋하시고 오랜 기간 신앙생활도 성실히 해 오신 분이라, 허튼 소리를 할 분이 아니었다. 그런데 그분의 대답을 듣고 보니 기가 막혔다. 성당 식구들 사이에 내가 사기꾼이 돼 있었다. 당시 한창 매스컴을 시끄럽게 장식했던 장○○ 씨를 빗대서 나를 제2의 장○○이라고도 한다. 그뿐인가. 간이 배 밖으로 나온 여자, 통이 큰 여자로 소문이 퍼져 있다고 했다.

이제야 알 것 같았다. 이런 말이 나온 건 S아파트 300채 계약 건 때문이다. 내가 설명해 준 내용을 제대로 이해하지 못한 남편이 앞뒤 맥락을 다 자르고 성당에 퍼뜨리면서 일이 이렇게 커진 거였다. 남편이 내 이야기 전후를 세세히 들었더라면, 이런 오해는 생기지 않았을 텐데 어이가 없었다.

"아, 아파트 300채 이야기하시는 건가요?"

"세실리아, 아무리 그래도 300채는 너무하잖아."

나는 그냥 웃음이 터져 나왔다. 대꾸할 가치도 없었다.

"모르시면 가만 계세요."

나는 더 이상 변명도 이해도 시키고 싶지 않았다.

1980년 당시 나는 평소에도 금융 거래를 하기 위해 일주일에 2번은 수원에 다녀오곤 했다. 그때마다 나는 꼭 법원 사거리에서 내려 새로 난 길을 따라 공사 현장에 갔다. 누가 오라고 초대를 한 것도 아니고 반기는 사람도 없지만 아직 아스팔트도 깔리지 않은 길을 걸어간다. 거긴 아파트 공사가 한창이다. 나는 그곳에 가는 것을 좋아했다.

나는 건축을 두 번이나 했다. 금곡에서 한 번, 지금 살고 있는 용인에서 한 번 집을 지었다. 물론 아파트 건축은 개인의 건축 방법과는 다른 공법이다. 평소에도 집 짓는 것에 관심이 많던 나는 신공법으로 짓는 아파트 신축에 마냥 신기해하며 마치 집 주인이 된 것처럼 속으로 혼자 감독을 했다.

아무리 봐도 나 같은 사람은 없다. 나도 내가 좀 유난스러운 건 안다. 그러나 나는 새로운 모든 것에 호기심이 많고 흥미를 느꼈다. 어쩌면 삶이 팍팍하니 다른 것에 관심을 돌려 마음을 다독이고 싶었는지도 모른다.

공사 현장에 거의 매일 가니 일꾼들도 나를 이상한 여자 보듯 했다. 어떨 땐 현장에서 나가라고 한다. 공사 현장엔 위험 요소가 많다. 그래도 나는 그들을 피해 다니며 현장을 찬찬히 둘러본다. 그러면 시간도 훌쩍 잘 간다. 벽이 생기고 계단이 세워지며 하루하루 달라지는 건물을 보면 기분이 좋아진다.

건축이 완성되는 2년여 동안 나는 먼지를 뒤집어쓰면서 많은 것을 배웠다. 하도 자주 오니 현장 소장과도 인사를 나눴고 커피를 얻어먹기도 했다. 소장은 아파트 분양이 안 된다는 고충도 들려줬다. 그 시절에는 수원에 아파트가 전무했다. 사람들은 신기해하면서도 선뜻 분양받기를 주저했다. 6개월이 지났는데도 25%밖에 분양이 안 돼 본인이 해고되게 생겼다고 애가 닳는다. 한번은 나보고도 아파트를 사라 한다. 그때는 나도 순진해서 집이 이미 한 채 있으면 또 살 수 없는 줄 알았다. 주부이기도 하고 돈도 없으니 남편의 승낙이 있어야만 되는 건 줄 알았다. 당시에는 주유소를 개업한 지 몇 년 되지 않은 상황이라 아직은 힘든 시기이기도 했다.

하루는 소장이 내게 특별한 제안을 했다. 그 당시 수원은 아파트 붐이 생기기 훨씬 전이었다. 다들 아파트에 관심은 있는데 아직 매매하기에는 겁이 나고 전세로는 한 번쯤 살아 보고 싶어 한다고 했다. 이렇게 전세를 살려는 사람은 줄을 섰는데 막상 분양을 받으려는 이가 없다는 것이다. 오죽 답답하고 속이 타면 2년여 동안 현장 구경을 온 내게까지 이런 말을 하나 싶었다.

나는 며칠을 곰곰이 생각했다. 분양과 동시에 전세 계약을 하다니, 그러면 나는 일 원도 보태지 않고 집을 사는 셈이다. 너무나 웃긴 건 분양가가 350만 원인데 전세가는 400만 원이다. 세금을 다 공제해도 무조건 남는 장사고, 아무리 봐도 땅 짚고 헤엄치기였다. 기회가 너무 좋아 수십 번이나 소장님에게 묻고 사실을 확인했다. 이미 서울에 있는 아파트를 보면 100% 승산이 있었다. 나는 소장에게 분양과 동시에 전세 계약을 할 수 있도록 가족과 의논하겠다고 했다. 소장은 전세 계약자의 주소와 함께 계약금을 받은 서류를 내게 보여 줬다. 그리고 그 시점으로 미분양 된 아파트가 아직도 300채나 된다고 했다.

그걸 남편에게 설명했다. 남편은 무작정 반대를 했다. 게다가 남편은 내 말을 다 듣지도 않고 앞뒤 말 다 자른 채 아파트 300채라는 말만 기억에 남았던가 보다. 날 보고 미쳤다고 해서 다퉜는데, 시어머니와 시누이도 집안 말아먹을 년이라고 욕했다. 소귀에 경 읽기다. 친정어머니가 종종 사용하시는 말마따나, 모르면 손에 쥐어 줘도 모른다는 표현 그대로였다. 아무리 머리가 나빠도 이럴 수가 있나 싶었다. 좋은 기회였는데 아까웠다.

하도 답답해 남편에게 현장에 직접 가 보자고 했지만, 그는 무조건 사기라고 몰아붙였다. 아파트 300채 사건, 그때 남편이 내 말을 들었다면 지금쯤 얼마나 자산가치가 컸을까. 뒤늦게야 내가 말한 내용이 노다지 특급 정보임을 알게 됐지만, 기차는 떠난 지 오래다. 그런데 남편은 그쪽 방향을 지날 때마다 자그마한 소리로 중얼거린다.

"이 모두가 우리 것이 됐을 텐데…"

나는 부동산과 새로운 사업 구상 쪽으로는 머리가 잘 돌아갔다. 그 후로도 남편에게 수십 건의 부동산을 제안한 바 있으나, 번번이 내 말을 듣지 않았다. 그의 재물 복이 그것뿐이었나 보다. 그가 나를 한 평생 믿지 못한 것이 혹시 내가 진짜 사기꾼 같아서 그랬나 하고 자책할 정도다. 그러나 시간이 걸릴 뿐, 진실은 반드시 밝혀진다. 남편에게 설명했던 그대로 소장에게 들은 내용을 성당 사람들에게 조곤조곤 들려줬다. 그들도 처음엔 선뜻 이해하지 못했으나, 나중엔 알아들었다. 이후 그들은 예전과 같이 나를 대했다.

시이모의 아파트

❋ ❋ ❋

  S아파트 사건으로 내 신용은 추락했고, 또 이상한 여자로 전락했다. 아무도 내 말을 믿어 주지 않았다. 대체로 사람들은 자기가 알고 있는 만큼 행동한다더니 딱 그랬다. 속은 상했지만 그들의 몫으로 수용하기로 했다.
  우연찮게 다시 우만동에 주공 APT가 세워지고 미분양이라는 소문을 들었다. 어쩌면 이번엔 내 믿음을 확인시킬 수 있는 일이 생길 것 같았다. 확인차 우만동 부동산에 찾아갔다. 내 생각이 맞았다. 평수는 S아파트보다 작았지만 금액은 같은 수준이다. 그 사이 오른 것이다.
  평소에도 나를 믿고 지지해 준 시이모께 이 정보를 드리고 싶었다. 시이모가 언제까지 우리 집에만 계실 순 없지 않을까 싶으니, 이모님께 집을 마련해 드리고도 싶었다. 몇 번씩 설명해 드렸다. 처음에는 이모님도 눈만 껌뻑거렸다. 돈 한 푼 안 들이고 아파트를 산다니, 이해가 안 되는 모양이다. 당분간 직접 들어가 살지 않고 전세로 내놓을 것이라는 걸 확인시켰다.
  지난번에는 누구도 내 말을 듣지 않았지만, 시이모는 내 말을 듣고 실행에 옮겼다. 시댁 식구들 몰래 이모님과 나는 우만동 버스 정류장에서 만나기로 했다, 전세 계약자도 미리 와 있었다. 일은 일사천리로 마무리됐다. 주공 APT 17평짜리였다. 분양과 전세 계약이 한꺼번에 성사됐다. 세입자는 아기를 하나 둔 젊은 새댁이었다. 시이모는 십 원 한 장 내지 않았고, 오히려 취득세와 복비 등을 지출하고도 20만 원 조금 넘는 돈이 남았다. 이모님도 어이가 없는지 하늘을 보고 헛웃음을 지었다.

"어멈, 고맙다. 내가 아파트가 생기다니. 다 어멈 덕이야."

"아니에요. 이모가 날 믿어 준 거죠. 이모, 고마워요."

나는 시이모에게 아파트가 생긴 것보다 나를 믿어 줬다는 것에 더 감사했다. 돌아오면서 전세금은 올리지 마시라고 했다. 또 세입자가 나간다고 할 때까지 살도록 해 주라고 했다. 시이모는 이제 팥으로 메주를 쑨다 해도 내 말을 다 믿어 줬다.

그 일은 한동안 우리 둘만의 비밀로 했다. 대신 둘이 눈을 마주치면 서로 웃었다. 몇 년이 지나 시이모의 아파트 시세가 많이 올랐다. 그때 비로소 시이모가 그날의 비밀을 집안 식구들에게 풀었다. 남편과 시어머니, 시누이는 두 눈만 동그랗게 뜨고 할 말을 잊은 채 나를 처다본다. 이모님이 한마디 하셨다.

"어멈 말을 들으면 자다가도 떡을 얻어먹어. 왜들 어멈 말을 안 듣지? 요래 똑똑한데."

그 후 한동안 시댁 시구들은 배 아파하는 언행을 숨기지 않았다. 그리고 내게 화풀이를 한다. 시이모에게만 소개했다고 온갖 행패를 다 부렸다.

'그러니까 왜 사람 말을 못 믿어? 바보 아냐?'

그런 시이모에게 경사가 또 생겼다. 아들이 중동에서 돌아와 결혼을 하게 된 것이다. 아들 장가 준비를 위해 그 아파트를 팔게 됐다. 살 때는 십 원도 보태지 않았지만, 열두 배 이상으로 뛰어 있었다. 시이모는 통장에 들어온 돈을 보며 많이 우셨다. 그때 또 한 번 내게 고맙다고 하셨다. 나도 고마웠다.

살면서 신뢰를 받는다는 건 행복한 일이다. 최초 S아파트의 사건으로 인해 집 식구들에게 추락했던 내 신용 또한 회복됐다.

시이모와의 각별한 인연은 내가 결혼하고 1년쯤 지난봄부터 시작됐다. 당시 이모는 열여섯 된 딸을 데리고 오셨다. 서울에서 하던 사업이 망해 이불 보따리만 들고 오셨다. 그 당시 시댁은 3군단이 있는 지역이었는데, 그곳 군인 식당에서 모녀가 일했다. 몇 년간 고생을 많이 하신 덕분에 조그마한 집도 구했다. 우리 집과도 가까웠다. 내가 아이 셋을 이고 지고 끌고 다니는 걸 보시며, "애 하나는 놓고 가라"시며 우리 애들을 돌봐 주셨다. 내겐 시이모가 아닌 친 이모 이상이었다. 모르는 사람은 우리 애들이 시이모네 친 손자인 줄 알고 있었다. 또 어린 사촌 시누이는 우리 막내를 무척 예뻐하며 아이를 업고 온 동네를 다녔다. 정말 큰 사랑으로 대해 주셨다.

내가 힘들어할 때 이모님은 곁에서 함께하며 언제나 내게 힘이 돼 주셨다. 고추보다 매운 시집살이를 하는 내게 진심으로 대해 주시고 사랑을 베풀어 주신 분이다. 그때의 인연으로 이모님은 우리 집에서 같이 생활하며 내 집 살림을 맡아 주셨다. 혹여 시어머니가 나를 험담하거나 당신 아들과 이간질하면, 중간에서 불편함을 덜어 주셨다. 자매인데도 그렇게 성격 차이가 크다는 게 이해되지 않을 정도다.

이모님은 나를 보면 무엇이라도 먹이려 하고, 잠시라도 쉬게 했다. 오후 2~3시 무렵에는 커피를 타 달라며 날 부르신다. 커피는 핑계고 잠시라도 쉬었다가 사무실로 내려가라며 베개를 주시며 누우라 하셨다. 시어머니는 그런 동생을 심하게 통박했다.

"어멈 타 주는 커피가 진짜 맛있거든. 언니도 어멈한테 한 잔 타 달라고 해, 어멈은 커피도 참 맛있게 잘 타네."

이모님은 나를 보고 눈을 찡긋하신다. 가슴 찡한 이모님의 사랑이다. 시집에서 내게 진심으로 사랑을 대해 준 사람은 결단코 시이모와 이모 딸인 시누이뿐이다. 오랫동안 함께 살며 정을 주시고 무한한 사랑을 주셨다. 친정엄마가 돌아가시고 어머니 대신 와 주신 것 같아 참으로 좋았다. 무수히 많은 사건 사고가 있었지만, 끝까지 내 버팀목이 돼 주셨다.

40년 전의 일이 바로 어제 일 같다. 지금 시이모님은 백세가 넘으셨다. 요양원에 계시는 게 슬프다. 그 누구도 알아보지 못

한다는 것이 더욱 안타깝기만 하다. 이 봄이 가기 전에 한번 찾아뵈야겠다. 그때 못 해 드린 감사의 말씀을 꼭 드리고 싶다.

"이모, 고맙습니다. 감사했습니다. 그리고 사랑합니다."

보물, 내 골동품

✿ ✿ ✿

아들은 내게 다람쥐라는 별명을 지어 줬다. 처음엔 다람쥐의 생태를 몰라 귀엽다고만 생각했는데, 나중에는 진의를 알고 한참을 웃었다. 그러나 내게 딱 맞는 별명 같아서 인정했다.

내게는 보물 같은 골동품 5가지가 있다. 그중 하나는 55년 전 구입한 연두색 실크 스카프이다. 그 어린 나이에 연두색깔의 머플러를 산 게 나도 신기하다. 사놓기는 했어도 평생 몇 번 하지도 않았는데, 나이가 이만큼 드니 그 환한 색깔이 맘이 든다.

두 번째로는 결혼 때 가져온 그릇이다. 지금은 유리 화채 그릇과 큰 볼만 남았다. 여러 번 이사하는 중에도 이리 싸고 저리 싸며 오십 년을 품고 다녔다. 친정엄마가 해주신 혼수 중에 유일하게 남은 것이다.

세 번째로는 중국과 수교하던 해 GS 사장단과 중국에 다녀올 때 받은 보이차다. 받은 지 20년이 됐으니, 자연 숙성이 됐다. 중국에서는 딸을 낳으면 차나무를 심고 기르며 첫 물을 따서 자연 발효한 뒤, 딸이 결혼할 때 혼수로 보내 준다는 설명을 들었다.

네 번째는 작은 꿀병이다. 시어머니와 꿀 전쟁을 치르고 남긴 것인데, 먹지는 않지만 추억 속 시아버지가 처음으로 주신 온전한 내 것이다.

마지막으로 가장 중요한 건 은수저다. 50년 전 결혼 선물로 친구 현숙이가 사준 것이다. 내가 낌새도 없이 부지불식간에 결혼한다니, 어리둥절해하며 급히 준비해 준 선물이다. 시댁에서 살다 보니 눈치가 보여 그대로 수저통에만 묵혀 뒀다. 그런데 묵히고 있던 수저가 한순간 없어졌다. 그 후 1년쯤 지나고 시누이 남편이 직장을 옮겨 다시 살던 지역으로 오게 됐는데, 그 자취 살림 속에 내 은수저가 있었다. 시어머니는 사위가 전근 갈 때 냄비며 밥그릇 등을 챙기며 며느리의 은수저까지 보낸 것이다. 결혼할 때 받은 선물을 잃어버려 가슴이 아팠는데, 다시 내 손에 들어와 다행이었다. 그 후 나는 시어머니와 함께 생활하는 동안에는 은수저를 꺼내지 않고 있다가 아이들 학교 진학을 핑계로 분가하고 나서야 사용했다. 51년의 결혼 생활 중 20년밖에 못 썼으니, 은수저 팔자도 주인을 닮아 그리 애달픈 것 같다.

역시 나는 다람쥐다. 다람쥐는 먹이를 잘 숨겨 놓고도 어디다 숨겼는지 기억하지 못하는데, 그 숨겨 놓은 도토리가 싹이 나서 다시 숲을 만든다고 한다. 너무 거창한 비유를 했지만, 이왕 다람쥐라면 나 또한 베풀 수 있을 만큼 베풀고 떠나고 싶다.

선물(1)

❋ ❋ ❋

추석이 지났지만 햇살이 아직 따스한 날이었다. 오후 3시가 막 지나는데 전화가 왔다. 신갈에 있는 금은방 사장님이다. 작은아들이 돼지저금통을 가지고 와서는 막무가내로 호박 반지를 달라며 떼를 쓰고 있단다. 빨리 좀 와 보라는 전화였다. 아무리 생각해도 8살짜리 사내아이가 와서 반지를 사겠다는 게 나도 좀 이상했다. 하던 일을 멈추고 부리나케 금은방으로 달려갔다.

아이는 진열장을 바라보며 사장님과 나란히 앉아 야쿠르트를 쪽쪽거리며 먹고 있다. 나는 무슨 말을 해야 할지 몰라 사장님을 쳐다봤다.

"사모님은 좋으시겠어요. 아드님이 반지를 사 주신대요."

"네?"

나는 말문이 막혔다. 이번에는 아들을 빤히 바라봤다. 땡볕에 오래 있었는지, 머리카락이 땀에 흠뻑 젖어 있다. 아이를 불렀다. 아들은 천진하게 하얀 이를 드러내며 내 곁으로 왔다.

"엄마, 내가 반지 사 줄게. 나 돈 많아."

아들은 집에서 가지고 나온 저금통을 내보였다. 아이는 신이 나 있다. 나는 아직도 상황 파악이 안 돼서 멀뚱거리며 서 있었다. 사장님을 껄껄 웃었다. 좀 전에 아들이 와서 저금통을 내밀며 이리 말했다 한다.

"저 노란 반지 주세요. 엄마 사 드릴 거예요."

그 돼지저금통에는 10원짜리만 가득하다. 어이가 없었지만 한편으로 얼마나 예쁘던지. 그런데 아이는 도대체 무슨 생각으로 이러는지 도통 모르겠다. 다시 오겠다는 인사를 남기며 아이 손을 잡고 나왔다. 아이는 무엇이 그리도 신이 나는지 이리 뛰고 저리 뛰며 엄마를 부른다. 나는 아이의 손을 잡고 물어봤다.

"왜 반지를 사고 싶었어?"

"엄마, 할머니가 노랑 반지를 할머니 방에서 몰래 끼어 보는 걸 내가 봤어. 하지만 할머니는 이쁘지 않았어. 할머니에게 그 반지를 달라고 했더니, 막 나를 야단치며 나가라고 했어. 속상해서 저금통을 갖고 나왔지. 내가 엄마 사 주려고,"

가슴이 쿵 하며 황홀했다. 아이를 꼭 끌어안아 줬다. 나의 펄떡거리는 심장이 아들의 심장과 맞붙어 터질 듯했다. 아이 셋이 엄마 생일이면 양말이나 손수건 등을 사 와서 선물로 주곤 했는데, 이 작은 녀석은 누구도 생각해 보지 못한 방법으로 나를 감동시켰다. 몇 걸음 걷다가 안아 주고 또 안아 주며 그러길 몇 차례나 반복했다. 그날 작은아들에게 평생 안아 줄 양을 한꺼번에 다 내어 준 것 같다. 그렇게 즐겁고 행복한 마음으로 돌아왔다. 그걸로 끝난 줄 알았다.

며칠이 지나고 나는 내 안에서 잠자고 있는 사치 본능의 세포가 깨어난 걸 알게 됐다. 그 후 나는 딱히 가야 할 이유도 없는 그 금은방을 방문했다. 일주일에 두 번 정도는 가서 진열장 물건들을 자세히 훑어보고 왔다. 그게 내 일과였다. 자주 보니 진열된 물건들의 위치가 바뀌는 것도 알게 됐다. 몇 달을 다니다 마침내 진주 브로치를 찜했다. 다음 번에 가서는 가격을 물었다. 내일도 물을 것이다. 가격 변동은 없다. 사장님은 전혀 깎아 줄 마음이 없는 듯했다.

오래전 친정어머니의 보석들이 눈앞에 아른거린다. 언니나 동생들은 돌을 보듯 했지만, 그때도 나는 보석을 참 좋아했다. 엄마 무릎에 붙어 물어보기도 잘했다.

6개월이 지난 새봄에 나는 기어이 진주 브로치를 내 손에 넣었다. 생활비를 아끼고 아껴 모은 돈으로 첫 번째 내게 준 선물 1호였다. 나는 하루에도 열두 번씩 들여다보고 가슴에 꽂아 보기도 하며 행여나 들킬까 봐 노심초사했다. 책상 서랍에 놓고 열쇠로 잠가놓았다. 몰래 몰래 들여다보는 게 나만의 즐거움이었다. 그 첫 브로치가 내 광기 어린 수집 습관이 된 시작점이라는 걸 그땐 몰랐다.

선물(2)

❀ ❀ ❀

내 쇼핑 본능은 동네 금은방에서 만족하지 않았다. 점차 반경을 넓혀 나갔다. 수원에는 좀 더 세련된 물건들이 많았다. 상점도 많아 구경거리가 몇 배로 늘어 즐거움이 배가 됐다. 수원 시내 은행에 가는 날엔 어김없이 금은방을 배회하고 다녔다. 그때 금은방들은 부부가 운영하는 집이 많았다. 나는 안주인들하고 친하게 지냈다. 그렇게 안면을 튼 집들이 몇 군데 있다 보니, 디자인 비교도 하게 됐다. 이게 동대문 물건인지 남대문 물건인지 알 수 있게 됐고, 가급적 최신 디자인을 고르려 계획을 세웠다.

가끔은 재미있는 상상을 하기도 했다. 주유소 기름 장사도 좋지만, 금은방을 운영하는 게 나한테 더 어울리지 않을까 싶었다. 그건 내 관심사와 열정 때문이다. 다른 사람에게 물어보면 보석에 별다른 감흥이 없다고 하는데, 색상에 관심이 있는 나로선 반짝거리는 빛과 영롱함에 빠져 들어갈 때가 많다.

이제는 백화점까지 섭렵했다. 백화점 상품은 확실히 더 세련미가 있다. 어릴 때의 기억과 몇 년간 시장조사를 하며 생긴 안목으로 내가 내게 선물할 보석 아이템들도 늘어 갔다. 조금 시간이 한가하면 검정색 비로드 천을 책상에 깔아 놓고 내 선물을 일렬로 펼쳐 놓는다. 모양도 빛깔도 종류도 각양각색인 선물들은 바라보기만 해도 황홀하다.

그러나 만족이란 없다. 그 후로도 기회가 될 때마다 보석을 사들였다. 나는 브로치를 아주 좋아한다. 평소 내 얼굴이 동그란 편이라, 언니와 동생들에게 열등감이 있었다. 갸름한 얼굴을 바랐는데, 동그란 내 얼굴이 싫었다. 그래서 사람들의 시선을 목 아래로 내리기 위한 장치로 브로치를 활용한 것이다. 실제로 사람들은 브로치를 먼저 보고 내 얼굴을 본다. 빛나는 브로치에 시선에 쏠리면 작전 성공이다. 여자들은 브로치 하나만으로도 대화가 된다. 나는 안다. 대체로 여자들은 보석이나 귀금속을 본능적으로 좋아한다는 것을.

나는 나만의 취향과 특별함이 담긴 보석을 찾기 시작했다. 너도 있고 나도 있는 그런 물건 말고, 나만의 개성이 담겨 있고 나를 말해 주는 그런 보석 말이다.

선물(3)
✿ ✿ ✿

　어느 날 아웃렛 매장에 갔을 때다. 그런데 그날따라 매장 한쪽에 있는 아주 작은 진열장에 눈이 갔다. 내가 좋아하는 스타일의 브로치로만 딱 3개가 진열돼 있었다. 웃은 뒷전이고 그 점포에 들어갔다. 나도 모르게 탄성이 나왔다. 흔히 만날 수 있는 물건들이 아니었다. 브로치를 만든 주인과 이야기를 하고 싶었다. 잠깐의 대화였으나 브로치에 대한 관심이 많다 보니, 서로 대화가 통했고 금세 친해졌다.
　그날부터 직장에서 퇴근을 하면 그 집으로 다시 출근하는 날이 많아졌다. 우리는 내친김에 새로운 브로치를 디자인하기에 이르렀다. 우리의 아이디어는 상품을 넘어 작품으로까지 확장됐고, 몇 개는 실제 상품으로도 나왔다. 그때부터 우리 둘의 작품 세계에는 한계가 없었고, 보석이라는 바다에 빠져 세상에 하나밖에 없는 브로치 장인이 돼 갔다. 우리는 호흡이 척척 맞았다. 그녀의 유일한 약점인 셈을 잘 못하는 걸 내가 똑 부러지게 도와줌으로써, 그녀의 손해를 막아 주기도 했다. 이제 나는 그와 고객이자 동업자이며 언니로 지냈다. 그렇게 모은 브로치가 내게도 꽤나 쌓여 갔다.

그걸 집에 보관하자니 눈치가 보여서 은행 금고에 보관해 왔다. 그런데 어느 날 은행 금고 리모델링을 한다며 맡긴 걸 모두 찾아가라고 연락이 왔다. 어쩔 수 없이 물건들을 모두 뺐는데, 어디다 보관해야 할지 막막했다. 당분간 큰아들 집에 두기로 했다.

우선 보자기로 싸 온 물건들을 거실 바닥에 펼쳐 놓았다. 생각보다 양이 많아서 셀 수 없을 정도였다. 이렇게 많이 모았나 싶으니, 나 자신도 놀랐다. 은행 금고에 맡긴 지 벌써 12년이다. 그 사이에 한 번도 열어 본 적이 없으니, 당시 어떤 보석들을 모았었는지 기억도 가물가물하다. 하도 오랜만에 보니 나도 은근히 설레고 흥분이 됐다. 떨리는 마음으로 작은 상자들의 뚜껑을 하나씩 열어봤다.

순간 아들이 이걸 보면 어떤 생각을 할지 신경이 쓰였다. 흘깃 보니 아들은 스마트폰만 만지작거리고 있다. 괜스레 민망해진 나는 공연히 자책하는 듯한 소리로 말을 꺼냈다.

"아들, 엄마가 미쳤나 봐. 이게 도대체 몇 개니?"

그동안 숨겨 왔던 내 사치 본능이 드러난 것 같아서 부끄럽기도 했다. 아들에게서 어떤 말이 나올지도 궁금했고, 비난하면 어쩌나 하는 일말의 불안감도 있었다. 그러나 아들의 대답은 뜻밖이었다.

"엄마가 그렇게라도 했으니, 지금까지 버틸 수 있었던 거 아냐? 그리고 그것들 너무 예쁘고 멋있네. 울 엄마 참 멋쟁이구먼. 이걸로 저축해 뒀으니 지금 이렇게 행복해하시잖아, 다시 금고에 넣기까지 시간이 있으니, 우리 집에 자주 오셔서 휴식하고 가셔. 내가 집에 없더라도 오셔요."

그렇게 말해 주는 아들이 정말 고마웠다. 그때는 사치의 DNA가 내 피에 이렇게 진하게 새겨져 있는지 미처 몰랐다. 그리고 보니 그 시절 나는 꿈을 꾼 듯했다. 40년간 모은 이 작고 예쁜 브로치들을 언젠가는 개인 박물관에 전시해 보고 싶다는 꿈 말이다.

챕터 5

장미의 전쟁

두 번 사망한 시어머니 • 160

오십만 원 • 165

정년퇴직 • 167

살인의 마음 • 170

그날, 아들의 아버지 • 173

말이면 다야? • 176

도무지 모르겠다 • 180

언 놈이야 • 182

그 남자와 그 여자가 사는 법 • 184

두 번 사망한 시어머니

✽ ✽ ✽

    4월의 달력도 며칠 남아 있지 않다. 창밖에는 벚꽃이 흐드러지게 피었다. 밤에 보니 온통 하얗다.
    병실에는 남편과 간호사 그리고 담당 의사가 있고, 나와 두 아들은 병실 복도로 나와 창밖을 무심히 바라보고 있었다. 잠시 후 의사와 남편이 나왔다. 그럼 지금은 간호사 혼자 환자를 처치하고 있을 터, 나는 지금이 적정한 시간이라 생각됐다.
    두 아들을 데리고 병실로 들어갔다. 오늘 밤이 고비라 했다. 오늘이 고비라는 말은 이달 들어 벌써 몇 번째다. 오늘은 마지막 인사를 꼭 해야 한다는 생각이 들었다. 큰아들은 두 걸음 정도 떨어진 쪽에서 할머니를 바라본다. 한동안 아무 동요 없이 바라보다 깊이 머리 숙여 인사를 한다. 그리고는 병실 밖으로 나갔다.
    그런데 그 순간 나는 둘째 아들의 예상치 못한 모습에 놀랐다. 아들은 대야에 물을 떠 오더니 병실에 걸려 있는 수건을 대야의 물에 적셔 지그시 짰다. 누운 시어머니 곁으로 간 아들은 물기가 축축한 수건으로 숨 쉴 때마다 목에서 터져 나온 핏자국을 닦아 준다. 나는 그때까지 시어머니의 얼굴을 바라보지 않고 애써 외면했다.

'아들은 무슨 생각을 하며 저 노인의 얼굴을 닦고 있을까? 할머니라서?'

의외의 행동이다. 큰손자 하나면 되는데 쓸데없이 작은손자를 낳아 당신 아들을 힘들게 한다며 평생 작은아들을 구박했던 시어머니였다. 당신 아들에게 시시콜콜 일러 분란을 만들고, 결국 저 애를 낳은 나까지 싸잡아 욕하던 노인이었다. 그러다 보니 작은아들은 남편과 시어머니 앞에서 주눅이 들어있었다. 제 아버지가 부르면 항상 내 등 뒤에 숨기부터 했다. 마치 내가 밖에서 데려온 자식 같았다.

'아들은 미운 놈 떡 하나 주는 심정이었나, 아니면 마지막 가는 노인에 대한 애중인가.'

외면하고 서서 나는 끝없는 생각에 젖어 있었다. 어머니가 숨 쉴 때마다 터져 나오는 핏방울은 그 숨이 멈춰야만 끝이 날 것 같다.

"그만해라."

참다 못 한 나는 아들에게 말했다. 아들은 멈칫거리던 손을 가지런히 모으고 깊게 머리 숙여 인사를 한다.

"안녕히 가세요."

굵고 짧게 끝났다. 이제는 내 차례다. 나는 비켜 선 자리에 그대로 서 있었다. 움직이기도 싫었다. 한동안 물끄러미 쳐다

보고만 있었다. 그 긴 34년의 세월이 이렇게 끝이 나다니 부질없고 허무했다.

"어머니. 우리는 처음부터 악연이었어요. 저를 싫어했던 당신도 사시면서 참 힘들었겠어요. 나도 죽을 만큼 힘들었답니다. 그런데 끝까지 우리는 화해를 못 했어요, 그냥 이대로 헤어져야 하는군요, 다시는 어떤 생에서라도 우리는 만나지 말아요. 스쳐 지나가더라도 모른 체하며 지내도록 해요. 안녕히 가세요."

영원히 만나는 일 없도록 부탁하는 마음으로 고개를 숙여 거의 90도 각도로 인사를 하고 나왔다. 이런 작별 인사를 할 수밖에 없는 나도 내가 미웠다. 어스름 불빛 속에 하얗게 피어 있는 벚꽃은 밤바람에 춤을 춘다. 왠지 바람에 날리는 꽃잎이 그날 밤엔 마냥 슬퍼 보였다.

담당 의사와 남편이 숨 가쁘게 병실로 들어간다. 간호사도 시트를 들고 함께 들어간다. 우리도 들어갔다. 하얀 시트를 천천히 환자에게 덮어 준다. 이미 청진기로 눈을 열어 보고 진찰하는 일도 끝났고, 헐떡거리는 숨소리도 끝이 났다.

"○○○○년 ○○월 ○○일 23시 45분 환자 ○○○ 사망했습니다."

의사의 말과 함께 간호사는 시트로 얼굴을 덮었다. 한밤중에 병실에서 비명이 울려 퍼졌다. 남편은 심폐소생술을 하라며 거의 정신 나간 사람처럼 의사를 붙잡고 악을 썼다. 나와 아들은 병실과 떨어진 곳에서 그곳을 주시했다. 하라 마라 할 처지도 아니었다. 당신 어머니는 87세, 본인 나이는 66세였다. 물론 부모이기에 가슴이 아프겠지만, 그렇게까지 해야 했는가. 한번 죽기도 그리 힘들었는데.

모든 장비와 기계가 들어가고, 전기 충격기까지 동원되었다. 할 수 있는 모든 걸 하고 있다. 그는 정녕 효자인가. 아니면 효자임을 자랑하고 싶은가? 정말 이러는 것이 잘하고 있는 걸까? 나는 제삼자의 입장에서 이성적으로 문답을 한다. 그래도 이건 아닌 것 같았지만, 내 의견은 아무 소용이 없다. 괜시리 훗날 불화의 빌미만 될 게 뻔하기 때문이다.

아들의 정성 덕분인지, 한 시간이 지난 후 환자는 후 하고 숨을 내쉬었다. 나도 놀랐다. 죽은 사람도 살려 내다니 기계의 힘은 위대하다. 뒤이어 산소 호흡기를 대느냐 마느냐 하는 순간, 수녀원 원장님이 잠옷에 카디건만 걸치고 병실로 뛰어 들어왔다. 남편은 산소 호흡기를 댄다 하고, 수녀님은 평안히 가실 수 있게 하라며 조언하셨다.

나는 병실 문틀에 기대 그들을 바라봤다. 남편은 그 누구의 말도 듣지 않았는데, 그래도 원장 수녀님의 말은 들었다. 의사는 다시 "○○○○년 ○월 ○○일 0시 50분 사망"이라고 2차 사망 선고를 했다. 효자 아들을 둔 덕에 긴 삼 일의 장례를 치렀다.

나는 가끔 그때를 생각한다. 나는 남편 같은 효자 아들을 두지 않았기에 두 번 죽을 일은 없겠지만, 그때 시어머니의 심정은 어떠했을까 하는 생각이 문득 스쳐 지나간다.

오십만 원

✽ ✽ ✽

 남편 팔순 때의 일이다. 코로나19 팬데믹으로 식당의 모든 모임이 취소가 됐던 시기인데, 마침 회사 앞 식당에서 우리를 받아 줬다. 별관에 우리 가족 일곱 명이 함께 모였다.
 식사 중이었는데 남편이 어디서 봤는지 갑자기 멋진 남자 코스프레를 한다. 하얀 봉투 6개를 꺼내 손자와 손녀, 아들들, 며느리, 그리고 나까지 준다. 열어 보니 돈이 들어 있다. 좌우를 살펴보니 모두 30만 원씩이다. 그런데 나는 기분이 상했다. 식사 후 아이들도 각자 집으로 갔고, 우리 부부만 사무실로 들어왔다.
 "나는 당신과 동급이지 아들, 손자, 며느리와 급이 같진 않아요."
 30만 원이 들어 있는 봉투를 남편에게 돌려줬다. 남편은 이해가 되지 않는다는 표정을 짓더니, 민망한 듯 봉투를 들고 나갔다. 옆에 있던 여직원이 한마디 보탠다.
 "평생 주지 않던 돈 봉투인데, 그냥 받지 뭐한다고 돌려주세요!"
 나는 그 봉투를 받기가 자존심이 상하고 싫었다. 내게 모멸감을 주려고 그리 한 걸 알기 때문이다.

그렇게 며칠이 지난 후 남편이 다시 봉투를 내밀며 받으라 한다. 그리고 난생처음 자기 생각이 짧았다며 내 말을 인정하는 말을 했다. 봉투를 열어 보니 50만 원이었다. 결혼 후 46년 만에 처음 받아 본 돈 봉투다.

어느 날 동생이 핀잔을 줬다.

"언니, 너는 50만 원짜리니?"

"그래도 이게 어디야. 내가 20만 원 보태게 했잖아."

내가 50만 원짜리라면, 평생 함께한 그도 50만 원짜리인 것이다.

정년퇴직

❋ ❋ ❋

　우리 세대 때는 대부분 이십 대 후반에 직장을 잡으면 25~30년 남짓 근무하고 만 육십 세쯤 은퇴를 했다. 그러나 사회가 점차 바뀌면서 평생직장의 보장이 불투명해지고 정규직과 비정규직으로 나뉘더니, 요즘엔 알바가 성황이다. 기업주들도 경제 수치를 맞추다 보니 어쩔 수 없을 것이다.
　나는 결혼하고 쭉 주유소 일을 해 왔다. 처음엔 강원도 산골짜기에서 달랑 주유기 2개를 놓고 시작한 남편의 일이었다. 그랬던 게 벌써 50년이 됐다. 소도 언덕이 있어야 비빈다고, 나는 자식들에게 가난을 물려주기 싫어 무척 열심히 살았다. 죽지 않을 만큼의 수고를 기꺼이 했다. 주유소를 춘천, 남양주, 용인으로 확장하고 이전하면서 나는 늘 꿈을 꿨다. 30년만 죽도록 일하고 화려한 정년퇴직을 하겠다고 말이다.
　나는 정년퇴직에 목숨을 건 사람 같았다. 그게 내가 열심히 산 포상이라고 생각했기 때문이다. 개인 사업을 하면서도 정년퇴직 운운하는 나를 남편은 가끔 이상한 눈으로 봤다. 그럴 때마다 서글픈 생각이 들었지만, 아무튼 나는 화려하게 은퇴식을 하는 꿈을 꿨다.

그러나 오히려 일이 더 많이 늘어났다. 두 아이들이 성장해 주유소에 투입됐지만, 아직 내가 은퇴할 때가 아니란다. 물론 운영해 온 사업이 점점 성장해 여기저기로 발전하는 것이 즐겁고 신나기도 했다. 일상이 힘들고 역경이 끊이지 않는 대신 금전적으로 여유가 생기니, 그런대로 버틸 수도 있었다. 이런저런 이유로 나도 은퇴 계획을 잠시 미뤄 두고 있었다.
 그러나 역시 인생은 내가 원하는 대로 흘러가지 않는다.
 우리는 10년 전에 이혼 소송을 했다. 사실 나는 직장 은퇴가 아닌 결혼생활에서 은퇴하고 싶었다. 그러나 그것도 내 복인가. 치열한 이혼 소송이 있었지만, 아직도 서류상으로 이혼이 되지 못한 채 그로부터 10년째 한 지붕 아래 적과의 동침을 계속 이어 가고 있다. 그런 상태로 직장에서도 보고 가정에서도 보니, 사는 게 사는 게 아니었다. 그냥 하루하루를 버텼다는 표현이 적절할 듯싶다.

 주유소 일을 하고부터 내 생활이라는 건 없었다. 밤에 잠시 쉬고 일어나 집과 직장만 시계추처럼 오갈 뿐이었다. 친구들과의 모임도 잠시 얼굴만 보고 밥만 후딱 먹거나 회비만 주고 바로 나온다.
 "언제 쉬니?"
 친구들의 물음에 나는 꼭 이렇게 대답했다.

"퇴직하고."

나도 점심 한번 느긋하게 먹고 분위기 있는 곳에서 우아하게 커피 마시며 수다를 떨고 싶었다. 새로 나온 영화도 보고, 직장 없이 가족들 저녁밥 지으러 허둥지둥 집으로 가는 주부로 살고 싶었다.

그러던 중 팬데믹이 한창일 때 거의 무료에 가까운 비용으로 친구들과 사이판에 8일간 여행을 다녀왔다. 그러나 즐거움 뒤에는 항상 그 반대의 일이 기다린다. 나는 퇴직이 아니라, 하루아침에 그냥 잘렸다. 46년간의 퇴직금과 11월의 마지막 급여도 받지 못한 채 평생 일해 온 내 일터에서 쫓겨난 것이다. 나의 직장 생활은 그렇게 멈췄다. 명예롭게 은퇴하겠다는 나의 오랜 열망도 허무하게 끝이 났다.

하루에도 열두 번씩 열이 치솟고 혈압이 올라 터질 것 같다. 가끔 내 인생이 쓰레기통에 처박힌 것 같다고 느낄 때가 있다. 하지만 나는 망가질 수 없어서 씩씩하게 살고 있다. 이젠 도적맞은 그놈의 정년퇴직을 그냥 놓아 주기로 했다. 내 인생의 정년퇴임은 내 영혼의 새로운 비상이다. 그날은 두 아들의 박수 소리와 함께 수천만 마리의 나비가 나를 천국 문 앞에 데려다주는 날이 될 것이다.

살인의 마음

❋ ❋ ❋

　가을볕이 따뜻한 날이다. 그날 나는 살인을 시도했다. 하지만 그는 죽지 않았다.
　그동안 여러 가지 사건과 사고가 줄을 이었고, 회사가 받은 피해도 만만치 않은 상태였다. 간신히 추스르고 난 어느 날, 그날도 우리 삼모자는 이런저런 이야기를 하며 점심을 먹고 있었다.
　전혀 마음에 들지 않은 여직원을 들인 지 두 달이 채 되지 않았을 때다. 그래도 남편인 사장 마음에 그 나이 많은 여직원이 마음에 든다고 하니 어쩔 수 없다. 이미 나는 평생을 바쳐온 직장에서 사장이라는 남편의 횡포로 꼼짝없이 해고를 당했고, 마지못해 한집에서 사는 중이니 발언권도 없다. 남편이 나이 70인 여자를 경리로 결정했을 때 모두가 반대를 했다. 더구나 그녀는 처녀 때 잠깐 경리를 본 것이 이력의 전부였다. 나이가 많으면 경력이라도 있든지, 꺼칠한 모습까지 영 마땅치 않았다.
　아들들 앞이라 차마 입 밖으로 내진 않았지만, 이상한 생각도 들었다. 나이 70인 여자 경리와 사장의 관계가 온전하게 보이지 않았다. 그리고 보니 요새 여직원의 얼굴이 반드르르해진 것도 같다는 얘기가 내 입에서 나왔을 때였다. 인기척이 있어서 보니 사장이 우리가 하는 경리 뒷담을 모두 듣고 있었다. 아버지를 발견한 아들들은 수저를 놓고 나갔다. 나는 밥을 마저 먹고 설거지를 마친 뒤 거실로 나왔다.

"그게 무슨 소리야!"

남편이 큰소리를 치며 내 앞을 막아선다.

"뭔 소리?"

"내 낯짝이 반드르르하단 소리 말야."

"말 그대로…"

말이 채 끝나지도 않았는데, 그가 내 왼쪽 어깨를 쥐었다. 평생 골프를 친 손아귀의 악력이 세서 그런지 어깨가 아팠다.

"넌 우리말도 못 알아듣냐? 반드르르해졌다는데 왜 지랄이야! 손 내려."

나도 지지 않았다. 도끼눈을 하고 악을 썼다. 그런데 이상하다. 무엇이 이 사람을 이토록 분노하게 한 것일까? 여직원 뒷담화 때문에? 아니면 반드르르해졌다는 말을 이해하지 못해서? 무엇보다 내 어깨를 잡고 주먹으로 협박했다는 게 더 억울하고 분했다. 나는 다시 천천히 반복했다.

"어깨 쥔 손 내려!"

그러나 그는 내 말을 듣지 않았다. 표정이 거의 미쳐 가는 수준이었다. 나도 마찬가지였다, 순간 나는 그의 목을 두 손으로 움켜잡았다. 그는 체격이 왜소해 내 두 손으로 목을 감싸고도 남는다. 나는 천천히 목을 누르면서 경고했다.

"손 놔!"

말과 동시에 나는 다시 목을 눌렀다. 그래도 그의 손은 내 어깨를 무겁게 짓누른다. 다섯 번째 목을 힘껏 눌렀다. 그 순간에는 그저 일을 내 버리고 싶은 생각밖에 없었다. 켁켁대며 내 어깨를 누르던 손과 주먹이 스르르 내려간다. 생사가 오가던 순간이었다. 그가 내 어깨를 놓지 않았다면, 그날 그도 죽고 나도 죽는 날이 됐을 것이다. 그는 손으로 목을 감싸면서 아래층으로 내려갔다. 나는 한동안 그대로 서 있었다.

'살인 참 쉽네.'

빈집 거실 바닥에 털썩 주저앉았다. 설움이 목까지 차올라서 소리 내어 울었다. 한참을 울었지만 시원해지지 않았다. 도대체 그는 갑자기 왜 분노했는가. 저런 인간에게 이런 취급을 받는 내가 너무 처량하게 느껴졌다. 그날 끝을 못 본 게 한이 됐다.

반짝이던 햇살은 자꾸 어둠을 만든다. 오늘 나는 죽음의 끝자락을 봤다. 영원히 잊히지 않는 내 살인의 모습, 오늘 나는 죄의 업장을 하나 더 얹었다.

그날, 아들의 아버지

✿ ✿ ✿

오전에 병원에 간 아들은 점심시간이 훌쩍 지날 때까지 돌아오지 않고 있다. 자꾸 불안한 마음이 올라왔다.

'제발 별일이 없어야 할 텐데…'

아들을 기다리며 나는 늦은 점심을 먹었다. 오후 3시쯤 아들이 돌아왔다. 표정이 어두워 보였다. 뭐라 물어볼 수도 없어 자꾸만 눈치를 살피게 된다. 아들 주위를 맴돌다가 조용히 2층으로 올라왔다. 해가 짧은 데다 구름까지 낀 하늘이 내 마음처럼 우중충하다, 심호흡을 하고 의자에 앉았다. 그리고 기도를 했다. 그래도 안정이 되질 않는다. 두 손을 가슴에 얹고 눈을 감고 있었다.

그때 아들이 무심한 듯 조용한 몸짓으로 내 옆에 앉는다. 나는 아들의 손을 잡았다. 손이 차갑다. 아들의 얼어붙은 마음에 내 온기를 넣어 주고 싶었다. 가만히 있던 아들은 고개를 숙이고 흐느꼈다. 눈물이 뚝뚝 우리 손등에 떨어진다. 와락 아들을 안았다. 어깨를 들썩이며 우는 아들의 등을 쓰다듬어 줬다. 나도 눈물이 흐른다.

"괜찮아, 괜찮아질 거야."

위로랍시고 어미가 할 수 있는 말은 고작 이것뿐이다. 병명을 말하는데 도대체 알아들을 수도 없다. 평생 듣도 보도 못한 병이라니, 무식한 나는 괜찮아질 거란 말만 되풀이했다.

얼마나 시간이 지났을까. 사방은 어둠으로 가득 차 있다.

"울어라. 오늘만 실컷 울어. 그리고 다시는 울지 마. 너는 애비잖니. 아이들은 부모의 숨소리만 들어도 다 안다. 절대 불안한 모습을 보이지 말거라. 넌 아버지잖니."

나는 아들의 등을 쓰다듬고 또 쓰다듬었다.

"아버지는 강해야 한다. 그게 너를 지키는 일이기도 해. 지금이 어떤 세상인데. 못 고치는 병은 없다. 방법이 생길 거야."

얼마 뒤 아들은 찬물로 얼굴을 씻고 부은 눈을 한 채 자기 집으로 돌아갔다. 비로소 아들이 씩씩한 아버지로 거듭나는 순간이기도 했다.

집으로 돌아온 나는 두 다리를 뻗고 엎어져 울었다. 울고 또 울고 목이 잠기도록 울었다. 어린 것이 가여워서 어쩌나. 그때 남편이 들어왔다. 불도 켜지 않은 채 거실에서 울고 있는 나를 보고 당황했는지, 그냥 한참을 쳐다보고 있다. 갑작스레 밝아진 거실에 눈이 시큰거렸다. 그리고 그와 마주 앉았다. 겨우 진정을 하고 손자의 상태에 대해 설명해 줬다.

그는 내 주위를 왔다 갔다 하다 '어떡하지. 어떡하지. 어떡하지.' 세 번을 되뇐다. 그러더니 '에라 모르겠다. 나는 골프 연습장이나 가야겠어.' 하며 현관 밖으로 나갔다.

'내가 지금 뭘 보고 뭘 들었지?'

순간 내 눈과 귀가 의심스러웠다. 뭔가 잘못돼도 한참 잘못된 상황이다. 지금까지 눈물 바람을 한 내 얼굴이 싹 말랐다. 기가 막히고 코가 막힌다는 게 이런 건가? 손자가 아프다는데 할아버지라는 자가 보여 준 언동이 하도 낯설어서 어이가 없었다.

나는 그날 상반된 두 아버지의 얼굴을 봤다. 그날 밤은 유독 춥고 슬픔이 가득한 밤이었다. 이 밤이 지나면 한 아들의 아버지인 내 아들에게서 희망의 소식이 오기만을 기원한다.

말이면 다야?

✽ ✽ ✽

　사람이 해야 할 말과 해서는 안 되는 말이 있다. 설사 농담이라 할지라도 말이다. 남편은 결코 해서는 안 되는 말 한마디로 아들들과 돌아올 수 없는 첫 번째 강을 건넜다.

　2014년 6월 1일이었다. 아침을 먹고 출근하는 내게 남편이 뜬금없는 말을 한다. 처음에는 잘못 들었는가 했다. 재차 말을 해서 이번엔 정신을 집중하고 들었다. 우리 두 아들들이 자기 아들이 아닌 것 같다며, 씨받이를 해서 자기 자식을 낳겠다고 한다. 정신이 나가지 않고서야 어찌 저런 말을 할 수 있을까. 대꾸할 가치가 없다고 생각한 나는 그대로 출근을 했다.

　누구에게 말도 못 하고 답답한 가슴만 쓸어내리며 하루를 보냈다. 그날 이후 남편은 하루도 빠짐없이 그 말을 지껄였다. 일일이 상대하자니 똑같은 사람이 될 것 같고, 참자니 속이 부글댔다. 우리 아들들이 자기 자식이 아니면, 나는 뭐란 말인가. 아이를 낳고 키운 40년간의 내 인생이 부정당하는 것 같아 고통스러웠다. 게다가 어느 정도의 선에서 끝냈으면 그나마 조용히 넘어갔을 텐데, 남편의 입이 기어이 방정이었다. 일 년 내내 재생 버튼을 누른 듯 그 말을 지껄이니, 결국 두 아들도 알게 됐다. 나는 어쩔 수 없이 그간의 이야기를 들려주게 됐다. 잠자코 듣고 있던 아들들이 겨우 입을 열었다.

"미쳤군. 아버지가 아니라, 인간 쓰레기네."

나와 아들들 사이에 잠시 정적이 흘렀다. 아들들 또한 자신들의 존재가 부정당하는 것 같았을 것이다. 나중엔 아들들은 혼란스러운 건 물론이거니와 자기 자신의 정체성에 대해 비참함을 느꼈다고 했다. 그 후로도 아들들은 침묵했으나, 내 인내심에는 한계가 온 듯했다. 그를 쳐다보고 있는 것만으로도 구역질이 났다. 기분 같아서는 그 입을 찢어 놓든지 공업용 미싱으로 박아 버리고 싶은 충동을 느꼈다. 그래야 숨을 쉴 수 있을 것 같았다.

그런데 그는 오늘도 또 시작한다. 점심시간이 지나 늦게 출근을 한 그는 씨받이라도 해야겠다는 말로 포문을 열었다. 그러든가 말든가 신경을 껐다. 나는 평소엔 공공장소나 CCTV가 있는 사무실에서 대화한다. 그래야 나중에라도 발뺌할 수 없는 증거 자료를 확보할 수 있기 때문이다. 잠시 후 나는 그를 내 방으로 불러 오늘 아침까지 해온 그의 말을 조목조목 따지기 시작했다.

"사람은 말이야. 내 새끼가 아니더라도 40년을 내 손으로 키우면 어디서든지 내 새끼라 하지, 남의 새끼라 절대 하지 않아. 하물며 내 새끼를 40년간 키워 놓고 내 새끼가 아니라는 게 인간이 할 소리냐! 할 말이 있으면 해 봐!"

나는 정식으로 사과를 하면 참고 넘어가려고 했다. 갑작스런 공격에 당황했는지 그도 주춤했다. 아마도 좁은 내 사무실에서 시작하면 본인에게 불리하다는 판단을 한 건지 뜻밖의 말을 한다.
"농담, 농담이야."
머리가 하얘진다. 아니, 일 년씩이나 그런 말을 해 놓고 농담이라니, 정신병자가 아니고서야 불가능한 일이라고 생각했다. 순간 내 속에서 아주 엉뚱한 생각이 떠올랐다. 나는 온몸이 떨렸지만, 주먹을 꼭 쥐고 천하의 미친년처럼 지껄였다.
"네 아버지 ○○○ 씨! 미친 개○끼, 소○끼, 말○끼…"
나는 '○끼'자가 붙은 온갖 욕을 다 모아서 던졌다.
"네 어머니 ○○○년! ○○년, ○○년, ○○년…"
나는 세상에 있을 것 같고 없을 것 같은 욕을 숨도 쉬지 않고 내뱉었다. 처음엔 내 말뜻이 뭔지 몰라 주춤하는 듯했다. 그러나 곧 그의 손과 얼굴이 벌게지더니 다시 창백해졌다. 나는 테이블 위에 얹었던 두 손이 바들바들 떨리기 시작했지만, 마음의 각오를 단단히 하고 기다렸다. 그는 테이블을 주먹으로 내리치더니 자리에서 벌떡 일어났다. 순간 휘청거리는 게 쓰러질 것 같아 보였다.
'쓰러져도 별 수 없어, 아들들 가슴에 대못을 받은 대가는 치러야 하니까.'

나는 그 와중에도 내 엉뚱한 생각의 마무리까지 완벽하게 했다.

"앉아. 왜 이래? 농담이야, 농담. 애비가 자식을 가지고 세상 더러운 욕을 하고 농담이라고 하는 것과 며느리가 시부모님께 심한 욕설을 좀 했기로서니 뭐가 잘못됐나? 너는 되고 나는 안 되는 것은 뭐야? 부모가 돼 가지고 그런 인간 말종으로 살지 마. 나도 농담 좀 하니까 좋네. 계속해서 댁도 농담해. 나도 앞으로 더 많이 준비해 볼게."

그는 넋이 나간 표정으로 휘청거리며 계단 난간을 붙잡고 이층으로 올라갔다.

한참 동안 나도 진정이 되지 않았다. 사람이 이렇게 독기를 품고 잔인해질 수 있다니, 나도 내가 무서웠다. 눈을 감고 심호흡을 했다, 오랜 시간 그의 언행을 참아 넘기는 동안 나도 점점 똑같은 괴물로 변해 간다. 이렇게 쓰레기처럼 살고 싶지 않다. 그도 한편으로는 불쌍하다고는 생각하지만, 그렇다고 결코 용서가 되지도 않는다. 그에게는 용서라는 단어도 아깝다는 생각이 든다. 하고 많은 말 중에서 하필 왜 그런 말을 지껄였는지, 자기 자신조차 부정하는 그런 쓰레기 발언을 왜 한 것인지, 아직도 나는 그 이유를 알지 못한다.

자식은 오십, 육십, 칠십이 돼도 자식이다. 부모로부터 한 번 받은 상처는 영원히 지워지지 않는다. 그는 그걸 알고 있을까?

도무지 모르겠다

✽ ✽ ✽

점심을 잘 차려 큰아들과 식사를 하고 있었다. 때마침 작은 아들도 들어와 맛있게 먹으며 한마디 보탠다.

"엄마가 형 버릇을 안 좋게 들여 놨어요. 뭔 반찬이 이리도 많아요."

내가 이렇게 잘 차려 주니 형이 결혼을 안 하는 거란다. 큰아들은 반찬이 많은 걸 좋아한다. 아직 결혼 전이니 큰아들 입맛에 맞춰 열 몇 가지씩 해서 상에 올린다.

그때 슬그머니 그가 주방으로 들어왔다. 우리 밥상을 슥 훑어보고는 자기도 점심을 여기서 먹겠다고 한다. 나는 숨을 고른 뒤 이렇게 말했다.

"1인분에 2만 원입니다. 2만 원 내시죠."

그는 작은 눈을 이리저리 굴리더니 너무 비싸단다. 식당도 만 원밖에 안 한다며 식당에서 먹겠다고 한다.

"그러셔요."

그게 벌써 4년 전의 일이다.

5월의 마지막 주다. 주말 내내 비가 오고 있다. 비가 오니 나가기도 귀찮고 또 나갈 데도 없어 요즘은 계속 집에만 있다. 그도 한집에 같이 있으니 부딪히는 게 싫어서 애먼 커피만 벌써 몇 잔째이다. 문득 며칠 전에 사 온 햇미역이 생각났다. 미역국을 끓여 먹고 싶었다. 나는 오래오래 푹 끓인 미역국을 좋아한다. 그래서 큰 냄비에 물을 많이 붓고 은근히 끓였다. 혼자 먹기에는 양이 많지만 그렇다고 딱히 누굴 주려는 마음은 없었다. 그런데 막상 끓여놓고 보니, 왠지 밥 생각이 나지 않았다. 저녁도 먹지 않고 방으로 들어와 누워 버렸다. 아무 생각 없이 찬장만 바라보고 있었다.

그때 노크 소리와 함께 그가 들어왔다. 5만 원짜리 지폐를 달랑거리며 내 얼굴 위에서 흔든다. 미역국을 5만 원어치 팔라며 서 있다. 많이는 말고 한 대접만 팔란다. 그러더니 5만 원을 내 베개 옆에 툭 놓고 나간다. 어이가 없다. 그의 머릿속에는 도대체 무슨 생각이 들어있을까. 4년 전에는 2만 원도 비싸다던 사람이 왜 한 대접에 5만 원이나 내고 미역국을 먹으려 하는지 궁금하다.

이튿날 미역국을 보니 그대로인 듯했다. 먹기는 한 건지 표도 나지 않는다. 나는 미역국에 밥을 말아 혼자 식사를 했다. 오만가지 생각이 뒤죽박죽 뒤엉켰다. 그는 왜 그렇게 살아야 하는지, 나는 또 왜 이렇게 살아야 하는지, 누구의 잘못인지 정말 모르겠다.

언 놈이야

✽ ✽ ✽

몇 년 전, 온 나라가 떠들썩한 공무원의 성추행 사건이 있었다. 오는 사람 가는 사람 모두가 어디서나 그 사람 이야기가 화제였고, 그로 인해 '미투'라는 신조어까지 탄생했다.

그날은 7월 초순 경이었다. 일찍 잠자리에 들어 스마트폰으로 떠들썩한 그 뉴스를 보고 있었다. 자세가 불편해 뒤척이다가 전화기를 놓쳤다. 화면이 음성으로 자동 전환됐는지 남자 유튜버가 시끄러운 소리로 흥분하며 말을 이어 갔다.

그때 그가 들어왔다. 뭔 일인가 했는데 내 침대 위를 빤히 쳐다본다. 근데 차림새가 이상하다. 남방은 입었지만 단추를 전혀 잠그지 않았다. 바지는 엉덩이에 걸친 채 엉거주춤 서서 소리를 질렀다.

"언 놈이야!"

인상을 잔뜩 찌푸리면서 나를 쳐다보는데, 순간 이게 뭔가 싶었다. 그는 갑자기 내가 덮고 있던 얇은 이불을 들췄다. 나 혼자 누워 있는 게 믿기지 않는다는 듯 다시 한 번 이불을 들춰서 확인한다. 그때 알았다. 그렇게 황급하게 쳐들어와서 소리 지른 이유를. 내가 외간 남자와 같은 방에 있으면서 즐거워

한다고 착각을 했던 것이다.

순간 화도 나면서 이런 상황이 수치스러워 나도 이죽거렸다.

"미안해. 다리가 네 개가 아니라 두 개라서."

그러자 가당치도 않은 변명을 한다.

"웬 놈이 당신을 해코지하는 줄 알았지."

나는 돌아나가는 그 등 뒤에 한마디를 더 뱉었다.

"말 참 잘하네. 근데 이불을 왜 들춰? 언 놈이 있을 줄 알았어?"

80이 다 된 그의 머리에 떠오르는 생각이 겨우 그런 거라는 게 너무 불쌍했다. 당하는 나도 불쌍하다.

그 남자와 그 여자가 사는 법
❋ ❋ ❋

　세무 공무원인 남자와 지하 경제(밀수)로 돈을 잘 버는 여자가 만나 잘 살고 있다. 남자는 정시에 출근해 정시에 퇴근하는 모범 가장이다. 퇴근할 때 언제나 양손 가득 가족의 간식을 챙긴다. 커다란 봉투 하나와 작은 봉지 하나, 그렇게 두 개의 봉지를 안고 집으로 돌아온다. 단 한 번도 거르는 일이 없다. 여자는 세상 바쁜 일이 있어도 저녁식사를 위해 남자보다 일찍 귀가해 식사 준비를 한다. 집에 일하는 아주머니가 있어도 그 여자는 항상 그리 한다.
　남자와 여자는 겸상을 하고 아이들은 두레상에 앉아 식사를 한다. 남자는 저녁식사 때마다 반주로 따뜻한 정종을 한두 잔 마신다. 혹여 두 잔을 마시는 날엔 아주 기쁘고 즐거운 일이 있을 때다. 더불어 온 가족이 행복해지는 날이기도 하다. 남자가 들고 온 큰 봉지에는 과일이 들어 있다. 작은 봉지에는 단 한 개가 들어 있는데, 그건 여자의 것이기에 누구도 넘봐서는 안 된다. 제일 크고 맛 좋은 것으로 고른 것이다. 아이들이 심술을 부리며 달라고 떼를 써 보지만 어림없다. 아이들은 자기 것에 만족해야 한다. 그게 그 남자의 사랑법이다. 자녀들은 그렇게 부부의 사랑법을 배웠다.

그 남자는 가톨릭 신자이다. 그 여자는 원불교를 믿는다. 하지만 신앙 문제로 다투는 걸 본 적이 없다. 각자의 신앙을 서로 존중해 주며 화목하게 생활했다. 조화롭지 않아 보였지만 조화로웠다. 나는 그렇게 사랑과 믿음으로 서로를 존중하는 가정에서 성장했다. 아니 모든 가정이 다 이렇게 사는 줄 알았다. 한데 평생 그 모습에 젖어 있던 나는 그러질 못했다.

나 또한 50년을 기다렸다. 참아 주고 기다리면 변하는 줄 알았다. 옛날 속담대로 개 꼬리 삼 년 정성을 들이면 여우 꼬리로 되는 줄 알았는데, 개 꼬리는 개 꼬리, 여우 꼬리는 여우 꼬리일 뿐이다. 가정의 달 5월에 부모님을 생각하니 좀 슬펐.

결혼하고 사는 내내 사랑과 존중을 받지 못한 나는 뒤늦게나마 사는 방법을 바꾸기로 했다. 저울에 달아 조금도 기울지 않게 똑같이 하기로 했다. 80대 중반이 된 그도 자신이 존중받지 못한 존재임을 알까? 안다면 그도 슬픔을 느낄까 생각해 본다.

1세기 전 이 땅에 왔던 그 남자와 그 여자는 이렇듯 조화롭게 신뢰하고 존중하며 살다가 생을 마쳤다. 그런데 빛의 속도로 발전하는 세상에서 풍성함이 넘치는 시대를 살아가는 그 남자와 그 여자는 왜 이렇게 살아가야 하는지, 여전히 풀리지 않은 시험 문제로 남아 있다.

챕터 6

사노라면

생일 밥상 • 188

칠순 생일잔치 • 191

남의 손에 몸을 맡기는 여자 • 194

여행 에피소드 • 198

생과 사 • 203

스마트폰의 부재 • 206

구연동화 봉사 • 208

남의 편에게 감사 • 211

미안합니다 • 214

생일 밥상

＊＊＊

　식구들이 옹기종기 모여서 밥을 먹는다. 된장찌개가 뚝배기에서 보글보글 끓고 있고 김치와 나물, 밑반찬 등 없는 반찬에도 한 그릇씩 뚝딱 비운다. 이렇게 밥 한 그릇이 주는 행복감이 일반 가정에서 나오는 모습 아닌가.
　가족들과 밥을 나눈 지가 언제던가 헤아려 본다. 기억 저 편으로 사라지고 만 너무나 아련한 추억이다. 혼술이 유행하더니 이제는 혼밥이 대세다. 나도 이미 오래전부터 혼밥을 해 왔다. 우리 집엔 두 사람이 살고 있지만, 서로에 대한 감사와 미안해하는 마음 따위는 사라진 지 오래다. 밥은 좋은 사람끼리 먹어야 탈이 없다. 싫은 사람과 먹으면 꼭 탈이 난다. 그래서 나는 나를 위해 혼자 밥을 먹는다.

　내가 45살이던 31년 전이다. 나는 달력에 빨간 색연필로 동그랗게 칠을 하고 '내 생일'이라고 커다랗게 써 넣었다. 그런데 아무도 관심을 가져 주지 않았다. 나는 나를 위해 잠실에 있는 롯데백화점 식당에 저녁식사를 예약했다. 최하 2인 이상인데 나는 3인 예약을 했다. 그때만 해도 주변 누군가에게 같이 식사를 하자는 말을 못 했다. 지금은 얼굴이 많이 두꺼워졌지만, 그때까지만 해도 숫기가 없던 시절이었다.

맛있게 잘 먹으려고 점심을 거른 채 예약한 식당으로 갔다. 종업원은 아무도 안 오셨느냐고 물었다. 나는 마치 올 손님이 있는 것처럼 아직 안 왔다고 했다. 그리고 속으로만 말했다.

'누가 오냐. 나밖에 올 사람이 없는걸.'

안내해 주는 좌석에 가서 앉았다. 고급 한정식 집은 방문을 닫아 주니 좋았다. 차려진 상을 보니 맛있는 것들이 많았다. 평소에 먹고 싶었지만 이래저래 못 먹었던 음식을 보니 침이 넘어간다. 들락날락거리던 종업원이 묻는다.

"손님이 늦으시네요."

"그러네요."

나는 건성으로 대답하고는 긴 숨을 한 번 내뱉은 후 천천히 먹기 시작했다. 맛있는 것부터 음미하듯 천천히 먹었다. 축하해 주는 사람은 없어도 음식은 맛있다.

"맛있게 먹어. 45번째 생일 축하해."

내가 나를 축하했다. 입에 음식을 물고 이런저런 혼잣말을 했다. 종업원은 수시로 드나들면서 시중을 들어준다. 그러더니 한마디 거든다.

"손님께서 못 오시는 모양이네요."

"네. 사정이 생긴 모양이에요."

나는 간단히 대답을 했다. 속으론 괜한 신경 쓰지 말고 나가 주었으면 싶었다. 삼 인분을 소화하자니, 배가 부르고 숨이 가쁘다. 그래도 내가 내게 베푼 만찬인 만큼 흡족했다. 많이 먹어서 배는 부른데, 어쩐지 가슴은 고프고 다리는 휘청거렸다. 그들에게 흔들리는 뒷모습을 보이기 싫어 두 다리에 힘을 주고 걸어 나왔다.

여럿이 먹는 밥도 좋고 행복하다. 하지만 이렇게 혼밥을 일찍 경험한 나는 오늘도 즐겁게 혼밥을 먹는다.

칠순 생일잔치

✿ ✿ ✿

칠순이 되던 해 1월, 신년 모임 때였다. 점심을 거하게 먹고 차도 마시며 수다를 떨고 있었다. 음력 1월에 생일인 사람은 아마도 나밖에 없는 듯하다, 생일 이야기로 한창 떠들 때 나는 아무 생각도 없이 턱없는 소리를 했다.

"나 올해 칠순이야. 칠순 잔치 해 주라."

모두들 나를 보고 웃는다.

"다음 달이야. 칠순 해 주라."

아이들처럼 떼쓰는 내 말에 안나 씨가 받는다.

"진짜 다음 달이 칠순이야? 그럼 내가 차려 줄게. 까짓것, 내가 세실리아 칠순 잔치 마련해 주지."

모두 안나 씨를 쳐다보는데 반신반의하는 표정이다. 안나 씨는 다시 우리를 보고 거듭 말했다.

"속 시끄러운 세실리아를 위해 내가 칠순 잔칫상 싹 차려 줄 테니, 우리 집으로 와. 다음 달 모임은 우리 집에서 하자."

모두 고개를 갸우뚱했지만 '와' 하며 박수를 쳤다. 안나 씨가 허투루 말을 할 사람이 아니었기 때문이다. 내가 웃자고 꺼낸 말이 진지하게 약속하는 자리가 돼버렸다. 이미 우리는 칠순 잔치를 치르고 있는 것 같았다. 모두 즐겁게 떠들면서 다음 달을 기약하며 모임은 끝났다.

2월 모임을 가는 길에 나는 케이크를 샀다. 초도 큰 것으로 7개 준비했고 폭죽도 몇 개 구했다. 발걸음도 가볍고 알 수 없는 콧노래도 나온다. 무언지는 모르지만 기분이 그냥 좋았다. 현관에 들어서니 맛있는 냄새가 코를 즐겁게 한다. 고소한 참기름 냄새, 부글부글 끓는 미역국 냄새도 난다. 매콤한 볶음향도 함께 올라왔다. 나도 모르게 탄성이 나왔다.

"이게 다 뭐야. 뭘 이렇게 많이 했어."

큰 기대는 하지 않았었다. 미역국에 밥 말아 먹을 정도로 생각했는데 진짜 잔치가 벌어졌다. 많이 놀랐고 황홀했다. 나를 위해 이 많은 음식을 차리다니. 안나 씨는 성당 교우들도 불러 함께 장만을 하고 있었다.

"내가 혼자 하기 힘들어 자매님들 불렀어. 세실리아 칠순이라니 와 주었네. 고맙지 뭐."

남의 얘기 하듯 안나 씨는 무심히 말하며 환하게 웃는다.

"축하해. 세실리아."

두 자매도 환히 웃는다. 모두가 즐겁고 행복한 순간이다. 시간이 되자 모임의 회원들이 하나둘 모였다. 금방 열 명이 됐다. 어릴 때 보던 잔칫집 같았다. 웃음소리 사이사이로 서로 덕담을 하고 장난도 치며 한 상이 가득 차려졌다.

케이크에 촛불도 켜고 생일 노래도 불렀다. 신나고 흥겨웠다. 소원도 빌었다. 모두 한마음으로 빌어준다. 부디 마음이 편안하기를, 그들의 간절한 기도가 하늘에 닿길 바랐다. 아마도 내 생애에 이런 대접은 없었던 것 같다.

나는 참 복이 많은 사람이다. 아무리 복이 많다 해도 친구의 생일잔치를 이토록 거하게 해주는 진정한 친구가 있다는 건 쉽지 않다. 말로 축하하고 밥을 사 주고 선물을 주는 것만으로도 충분할 텐데, 너무 행복해서 눈물이 나올 것 같았지만 왠지 사치 같아서 참았다. 그리고 너무나 고마웠다. 아니 지금도 고맙고 고맙다. 이 친구의 우정과 사랑을 어찌 다 표현할 수 있겠는가.

내 생일은 1월 12일, 친정아버지 생신은 1월 13일이다. 그러다 보니 언제나 내 생일은 뒷전이었다. 다음 날 아버지 생신에 맞춰졌을 뿐이다. 항상 섭섭했다. 결혼 후에도 제대로 생일을 맞이해 본 적이 없다. 생일 이야기만 하면 시어머님은 30년 넘도록 똑같은 소리를 했다.

"죽지 않으면 내년에도 오는 게 생일이다."

생각해 보니 그 말도 맞는 것 같았다. 그래서 생일 투정은 하지 않았다. 나도 이제 며느리를 맞이하고는 며느리, 딸, 나까지 1월에 생일인 세 사람의 합동 생일을 식당에서 한꺼번에 치르곤 했다. 그것도 딸과 연이 끊어지기 전까지의 행사였다.

남의 손에 몸을 맡기는 여자
❊ ❊ ❊

　집 나가면 개고생이라더니 진짜 그렇다. 그래서 여행 후엔 목욕으로 여독을 푼다.
　나는 결혼과 동시에 두메산골 시댁에 들어가 살았다. 그런데 산골에는 대중목욕탕이 없었다. 집집마다 작은 목욕통이 있을 뿐이었다. 우리 집도 예외는 아니다. 창고 옆에 커다란 가마솥이 걸려 있고 그 옆으로 서너 개의 계단이 있다. 솥뚜껑은 나무 판자로 반반씩 열리게 돼 있다. 목욕 한 번 할라치면 여간 고생이 아니었다. 우선 물을 길어 와야 했다. 아궁이에 마른 장작을 넣고 하루 종일 불을 지폈다. 일 년을 그리 살았다.
　그 후 인제군에 목욕탕이 생겨 한 시간쯤 버스를 타고 목욕을 다녀왔다. 장조카 며느리나 사촌 시누이(시이모의 딸)를 벗 삼아 목욕 가방을 들고 다녔다. 시골 목욕탕이라 아담했다. 처음 목욕탕이 생겨서 그런지 사람이 북적였다. 잔뜩 기대를 하고 간 나는 대번에 실망을 했다. 당연히 때 밀어 주는 분이 있을 줄 알았는데 없었다.
　내가 어렸을 때는 엄마가 늘 목욕을 시켜 주셨다. 초등학교 시절에는 집에 일을 도와주는 순덕 언니가 씻겨줬다. 중학교에 가서는 목욕탕에 세신사가 있어서 결혼 전까지 아주머니가 때를 밀어 주셨다. 그게 대중목욕탕을 이용하는 내 패턴이었다.

하지만 지금은 아무 도움 없이 내가 씻어야만 한다. 내 때미는 솜씨는 어설펐다. 이태리 타올을 사용하는 요령을 몰라 강약 실패를 하는 날에는 목 주위나 허벅지, 팔 등의 살갗이 까질 정도다. 그 쓰라림은 며칠씩 갔다. 그렇게 산골에서 6년, 춘천과 금곡, 잠실에 이어 지금은 용인에서 살고 있다.

그로부터도 많은 시간이 흐른 만큼 목욕탕 문화도 크게 변했다. 이름도 사우나로 바뀌고 초대형에다 최신 시설을 갖추고 있다. 지금 나는 집에서 가장 가까운 동네의 아담한 목욕탕을 이용한다. 무엇보다 세신사가 아주 마음에 든다. 나보다 20년이나 연상이신데 그 세신사와 이십 년을 함께했으니 나는 그분에게 때만 미는 게 아니라 많은 것을 배운 셈이다. 세상 돌아가는 이야기도 듣고 내 몸 어디엔가 멍이 들었거나 아파 보이는 곳도 살펴준다. 때로는 살이 찌고 빠지는 것까지도 걱정해 준다. 그분은 오로지 세신사를 해서 자녀들을 교육시키고 출가까지 시킨 장한 어머니다. 그러나 자녀들의 성화로 일을 그만두게 됐고, 그 자리에 조선족 젊은 여성이 왔다.

늘씬하고 웃는 얼굴도 예뻤다. 그와도 정이 들어 15년 이상을 함께했다. 아들은 내게 왜 그 작은 목욕탕만을 고집하느냐고 묻는다. 그러면서 시설이 잘 된 사우나를 추천하기도 했지만 나는 정겨운 사람들이 있는 이곳이 좋다.

한번은 작은아들이 수원의 대형 사우나 티켓을 십여 장 줬다. 그쪽에 가봤더니 시설도 좋고 규모도 엄청났다. 나는 온탕과 열탕을 번갈아 가며 이용했다. 특히 열탕은 44도나 돼서 아주 뜨겁지만 물속으로 들어가 조금만 있으면 마음까지도 개운해진다. 규모가 커서인지 세신사도 많고 베드도 5개나 됐다. 사실 세신사가 한 명일 때는 기다리는 시간이 좀 길었다. 그런데 여기는 바로바로 내 순서가 오니 그 점은 좋았다. 다만 내 마음에 덜 좋은 것은 세신사가 고정되지 않고 계속 바뀐다는 점이다. 그러나 어쩌랴. 티켓을 다 쓸 동안에는 계속 가야 하니 내가 적응할 수밖에 없다.

이곳은 말 한마디 없이 모든 소통을 손으로 한다. 나를 한 번 툭 치면 그쪽으로 몸을 돌리면 된다. 바디 클렌저 거품이 턱까지 오고 뜨거운 물수건으로 등을 덮고 몇 번 손바닥으로 치면 목욕은 끝이 난다. 마치 플라스틱 공장에서 1분에 한 개씩 바가지가 떨어지듯 메마른 풍경이다.

"감사합니다."

세신사는 내 인사가 끝나기도 전에 큰 소리로 외친다.

"120번 손님!"

어쨌든 몸은 가벼워졌다. 돌아오는 차 안에서 언젠가 동생이 하던 말이 생각나 혼자 웃었다.

"언니는 아직도 남의 손에 자기 몸뚱이를 맡기네."

나는 참 이상하다. 다른 건 혼자서도 다 잘하는데 목욕하는 데만은 자신이 없다. 어쩌다 차례를 기다리다가 내가 혼자 씻고 오는 날에는 몸살이 난다. 나는 동생에게 그렇게 말했다.

"세 살 버릇 여든 간다잖아. 난 아직 여든이 안 됐어."

진짜 여든이 되면 어떨까. 혹 이 세상에 없을지도 모르겠다.

여행 에피소드

✤ ✤ ✤

　난생처음 해외여행을 다녀온 건 서른다섯 살 되던 1986년 1월이었다. 남수원 로터리에 가입한 지 얼마 되지 않았을 때였다. 같은 연배의 회원들과 일본 오키나와에 여행을 가자고 해서 함께한 게 해외여행의 시작이었다.
　여행을 갈 때가 겨울이었다. 그러나 나는 오키나와가 제주도보다 아래쪽에 위치한 아열대 지역이라는 걸 미처 모르고, 부피가 큰 겨울옷을 잔뜩 담아 짐을 쌌다. 그때는 패키지가 없었고 일본 경험이 많거나 일어에 능통한 사람들로 구성된 모임이었다. 부부 동반이었는데 우리만 첫 해외여행이었다.
　이고 지고 출발을 해서 오키나와에 내렸는데 이미 그곳은 푹푹 찌는 날씨였다. 남들은 코트를 하나 벗으니 바로 반팔이 나오고 반바지가 나왔다. 다른 회원이 날 보더니 거든다.
　"어서 화장실에 가서 갈아입고 와. 덥다."
　'사람들에게 물어나 볼걸….'
　후회가 컸지만 이미 늦었다. 대충 긴 팔 소매만 걷어붙이고 숙소로 향했다. 다행히 버스는 시원했다. 그런데 여름옷으로 환복을 하려고 아무리 뒤져도 여름옷으로 대체할 만한 게 전혀 안 보인다. 남편도 눈치를 채고 물었다.

"몰랐어?"

"당신도 몰랐어?"

한참을 웃고 난 우리는 긴 바지를 접어 반바지로 하고 식사를 하러 나갔다. 우리처럼 찌는 겨울옷을 입고 있는 여행객은 한 사람도 없었다. 급한 대로 노점상에서 여름옷을 한 벌씩 샀다. 그 여행을 필두로 나는 일본에 자주 갔다. 여행을 가기 전에 가장 먼저 신경을 쓰는 건 옷차림이다. 실수가 만들어준 습관이다. 물론 지금은 옷보다는 약을 더 준비하는 나이가 됐지만 말이다.

나는 여행을 아주 좋아한다. 집에 있는 게 갑갑해 기회가 주어지는 대로 자주 떠난다. 무엇보다 여행하기 위해 짐을 꾸릴 때 무척 행복하다. 처음엔 이것저것 많이 담아가기에 바빴지만, 이제는 기벼워야 한다는 게 짐 싸기의 첫 번째 절칙이다.

여행은 시간, 건강, 경제력이 따라줘야 가능하다는 말이 사실이다. 전에는 없는 시간을 쪼개서 다녔는데, 이제는 건강도 경제력도 다 어렵다. 수익의 어떤 통로가 막혀 있기 때문이다. 오로지 남는 건 시간뿐이다. 그래도 손꼽아 보니, 그럭저럭 70여 개국을 다녔다. 유엔에 가입된 나라가 190여 개라는데, 40년을 다녔어도 이제 겨우 1/3개국이니 세상은 참 넓다.

수많은 여행 중 가장 기억에 남는 곳은 남미 여행이다. 브라질과 아르헨티나 사이에 있는 이과수 폭포 밑을 유람하며 물벼락을 받아 푹 젖은 건 지금도 선명하다. 얼마나 물을 맞았는지 딱 물 맞은 생쥐 꼴이었다.

그런데 다른 건 다 말렸는데 여권이 말썽이었다. 물에 젖어 내 얼굴이 두 눈동자를 빼고는 다 사라져 버렸다. 이런 상태로 미국에 갈 수 있을까 걱정이 됐다. 가이드도 뾰족한 대책이 없어 보였다. 그 젖은 사진으로 인해 말썽이 났다.

남미에서 3주 정도를 보내고 LA를 경유해 인천행 비행기를 타면 되는데, 일이 그렇게 쉽게 끝나지 않았다. 우리 쪽 일행은 10명인데 만약 LA에 입국을 못 하면 나는 다시 멕시코로 쫓겨나 나 혼자 호주나 캐나다로 가서 한국행을 타야 한다. 입국장 직원들 살펴보니 6번 담당자가 까다로워 보였다. 다른 곳에서는 순식간에 3~4명이 통과하는데 6번 창구는 한 명도 내보내지 않는다. 6번 창구만 아니면 편히 나갈 수 있을 것 같은데, 불행은 항상 빗나가지 않는다.

아니나 다를까. 내 비자 속 사진을 보는 순간 소리를 내지른다. 주눅이 든 나는 아임 쏘리만 연발하는데, 한 시간 30분이 지나도록 나 혼자 제자리다. 불안한 마음에 울고 싶어졌을 때 다행히 통역 담당 직원이 왔다. 여권 사진이 왜 그렇게 됐는지를 또박또박 설명했다.

"미국 대사관에서 만들어 준 비자예요. 그런데 이 중요한 게 물에 젖어 사진이 지워졌다는 게 선뜻 이해가 안 됩니다. 미국의 실력이 이 정도인가요?"

속상하고 억울한 마음을 토로했더니, 나를 물끄러미 쳐다본다.

"나는 공항 밖으로는 한 발짝도 안 나가고 한국으로 갈 거예요. 비행기 놓치기 전에 빨리 가야 하니 어서 보내 주세요. 일행들이 밖에서 기다리고 있어요."

그제야 내 여권에 도장이 찍혔다. 나는 공항에서 2시간 만에 출국장을 빠져나왔다. 일행을 만나 죽도록 뛰어 겨우 한국으로 올 수 있었다. 지금 생각해도 웃기는 비자 사진이다.

그동안 이탈리아를 8번 다녀왔다. 거기서도 일이 있었다.

짐을 기다리며 한담을 주고받는 사이에 나는 잠시 화장실에 갔다. 스마트폰을 잠시 화장지 케이스 위에 올려놓고 볼일을 마친 뒤 일행이 있는 곳으로 갔다. 아직도 짐은 나오지 않았다. 한창 이야기를 하던 중 손에 폰이 없다는 걸 알았다. 정신없이 화장실로 뛰어갔다.

"마이 폰, 마이 폰."

나는 내가 들어갔던 화장실 문을 세차게 두드렸다. 아무리 두드리고 소리를 질러도 대답이 없다. 문은 분명 잠겨 있는데 문틈 아래로 사람의 발은 보이지 않는다. 스마트폰 속에는 신용카드 3장과 병원 카드 등 정보가 될 만한 게 많았다. 우는 마음으로 서 있는데, 화장실 청소하는 분이 내 쪽으로 온다. 서로의 눈이 마주치자 그녀는 알았다는 듯 자기 사물함에서 열쇠를 가지고 와 문을 열었다. 내 스마트폰이 그대로 놓여 있었다. 그녀는 자기 앞에서 내 폰을 열어 보란다. 화면이 열리자 내 것이 맞다며 내게 준다. 화장실에서 나온 나는 의자에 털썩 주저앉았다. 후배가 한마디 한다.
"언니. 그 폰 제발 가방에 넣고 다녀요. 잃어버리잖아요."
뒤늦게 폰을 찾아 준 마담에게 인사하려고 찾았으나 보이지 않았다. 제대로 인사를 못해 아쉬웠다. 이 나이에 생판 모르는 남에게 또 빚을 졌다. 이탈리아에 가면 도둑이 많다는 말을 자주 들었다. 나도 그걸 믿는 사람 중 하나였다. 그런데 그 일을 겪으며 그들을 다시 생각하는 계기가 됐다.

생과 사

2025년 2월 마지막 주말이다. 친구 셋이서 생일 축하라는 이름으로 만났다.

"어디 가서 뭐 먹을까?"

한 차로 움직이며 이리저리 드라이브를 했다. 양평 쪽으로 행선지를 정했다. 밀린 수다를 떠느라, 차 안이 떠들썩하다. 밖은 아직 앙상한 나뭇가지뿐인 겨울인데, 좋은 사람들과 함께하니 푸른 잎과 꽃들이 피어 있는 봄날 같다. 바람은 아직 살 속을 매섭게 파고드는데, 차창으로 내리쬐는 햇살은 꽤나 따갑다.

"야, 봄이야!"

누구라 할 것 없이 동시에 탄성이 터졌다.

"참 세월이 빨라. 작년에도 함께 생일 회합을 가졌는데 벌써 일 년이 지난 거야."

"그러게. 얼마나 더 함께할 수 있을까?"

혼잣말에 가슴이 싸했다. 큰 도로를 빠져나와 좁은 길로 들어섰다. 여기저기 음식점이 즐비하다.

"오늘은 뭘 먹을까?"

우린 무엇이든 잘 먹는다. 마침 한 친구가 청국장이 먹고 싶단다. 집에서는 아이들이 냄새 난다고 해서 그 맛있는 걸 못 먹는단다. 우린 다 같이 청국장 간판을 찾았다.

"저기 있다."

도로 밑 계곡 쪽으로 제법 큰 식당이었다. 햇볕이 들어오는 창 쪽엔 벌써 손님들이 자리 잡고 있었다. 우리도 맞은편에 앉았다. 청국장과 황태구이를 시켰다. 구수한 냄새부터 침샘을 자극한다.

"어머, 우리 생일인 걸 어찌 아셨나? 여기 잡채도 있고, 전도 있네."

"생일에 잡채가 빠지면 섭섭하지."

서로 권하며 우리는 코를 빠뜨리고 먹었다.

"너무 맛있다. 청국장이 일품이야."

뚝배기에 바글바글 끓여 나온 청국장도 거의 바닥이 보였다. 우리 상은 설거지가 필요 없다. 싹싹 긁어먹었으니까.

그때였다. 우리 옆에 한 부부가 식사를 하고 있었는데, 갑자기 남자가 식당 통로에 탁 소리를 내며 고꾸라졌다. 가장 가까이에 있던 우리 셋은 깜짝 놀라 벌떡 일어섰다.

"어머, 어머, 119, 119!"

다른 손님들도 일어나 그에게 다가갔다. 바닥에 넘어진 남자의 눈이 돌아가고 손가락이 뒤틀리며 팔다리가 오그라지고 있었다. 몹시 놀란 그 부인을 비롯해 우리는 어찌할 줄 몰랐다. 그 가운데 환자를 똑바로 눕히라는 소리가 들렸고, 기도가 막히면 안 되니 물을 먹이지 말라 한다. 구급대원은 13분 후에나 도착한다고 했다. 그 사이에 무슨 일이 생기면 안 되는데 하며 걱정과 염려로 발을 동동 굴렀다.

일 분이 일 년 같았다. 맛있는 밥을 먹다 사람 목숨이 경각에 달린 순간을 눈앞에서 목격하니, 생사의 경계가 종이 한 장 차이라는 게 새삼 느껴졌다. 한 치 앞도 모르는 게 인생이다. 곧 구급대원들이 도착했고, 바로 병원으로 환자를 실어 갔다. 남은 밥이고 뭐고 더 이상 머물 수가 없어서 식당을 나왔다. 마치 도깨비에 홀린 듯했다.

찬바람을 맞으니 조금 정신이 났다. 병원에 간 그는 어찌 됐을까 궁금해하며 찻집을 찾았다. 커피라도 마셔야 진정이 될 것 같았다. 우리는 말없이 서로를 바라봤다. 생일을 맞아 살아 볼 만한 인생이라며 즐거워했던 게 방금 전인데, 한순간에 벼랑으로 뚝 떨어지는 걸 보니 인생이 무상하다. 살아 있되 살았다고 볼 수 없는 게 인생이라는 생각이 들었다.

저마다의 생각으로 침묵하는 동안 커피는 시나브로 식어간다. 교구청에서 호스피스 교육을 받을 때만 해도 별 감흥이 없었는데, 바로 지금 생과 사의 갈림길을 봤다. 웰 다잉이 간절한 바람이 되는 순간이었다.

스마트폰의 부재

✽ ✽ ✽

　토요일 오전부터 스마트폰이 먹통이 됐다. 전화기마저 내가 기계치인 걸 알고 있는지, 이리저리 눌러 봐도 꿈쩍을 안 한다. 두어 시간이 흘렀다. 마치 머리를 벽에 세게 부딪힌 것 같이 아무 생각도 떠오르지 않는다. 무엇을 해야 할지도 모르겠다. 스마트폰의 저장 기능만 믿고 생활하다 보니, 그 누구의 전화번호도 생각나지 않는다. 시간이 가는지 오는지, 지금이 몇 시인지도 모르겠다. 수 시간째 적막강산이다.
　문명의 이기 앞에 인간이란 너무나 연약한 존재다. 늙은 나도 순간순간이 답답하고 힘이 드는데, 젊은이들은 오죽할까. 단 한 순간도 스마트폰을 떼어 놓고 못 사는 게 당연한 세상이 돼 버렸다.
　답답한 마음에 큰아들 집으로 향했다. 다행히 집에 아들이 있었다. 연락도 없이 웬일이냐는 아들에게 전화기를 보여 줬다. 액정이 깨졌으니 월요일에 서비스 센터에 문의하고, 그래도 안 되면 새로 사자고 한다. 엉겁결에 돈을 쓰게 됐다고 생각하니, 마음이 안 좋았다. 보탬이 안 되는 엄마 같아서 아들에게 미안했다.

인터넷 세상과 절연된 3일간은 암흑 같은 시간이었다. 친구들과의 모임 장소는 물론이고, 시간이 어떻게 되는지, 병원 예약은 언제인지 도통 알 수가 없다. 기계의 속박에서 비로소 해방이 됐는데, 마음이 편치 않은 이유는 뭘까.

늦은 오후, 아들이 새 폰으로 개통을 해 줘서 귀가하는 길에 스마트폰을 열어 보았다. 수십 통의 문자와 부재중 전화가 떠 있다. 모두 나와 연락이 되지 않자, 무슨 일인지 궁금해했다. 이참에 소중한 사람들의 전화번호를 작은 수첩에 옮겨 적었다. 입으로 읽어 가며 적다 보니, 낯익은 숫자들이 정겹다. 그 옛날로 돌아갈 수는 없지만, 이제부터라도 조금씩 여유를 부리면서 생활해 보겠다.

구연동화 봉사

✽ ✽ ✽

마음이 시끄러울 땐 뭔가 해야 한다. 구청에서 운영하는 문화교실을 찾아가 봤다. 그러나 인기 많은 대부분의 프로그램들은 이미 신청이 끝난 상태였다. 섭섭한 마음으로 되돌아 나오는데 직원이 부른다.

"구연동화는 자리가 남았는데, 어떠셔요?"

잠시 생각했다. 그거라도 해야겠다는 생각이 들었다. 바로 이틀 뒤부터 수업이 있다고 했다. 구연동화는 아주 생소한 영역이다. 어린아이들을 상대하는 일이다. 사실 나는 사실 아이들을 썩 좋아하거나 예뻐하지 않는다. 그냥 고개 한 번 끄덕이는 정도인데, 이런 내가 구연동화를 한다는 게 아이러니했다.

당시 나는 삶의 끝자락에 놓인 기분으로 살고 있었다. 심신이 자꾸 가라앉고 우울한 감정이 오래 지속됐다. 그래서 이 수업이라도 붙잡아야겠다고 생각한 것 같다. 일주일에 2번씩 수업이 있었다. 어색했지만 천천히 배워갔다. 그러다 보니 시간도 빨리 지나갔다. 3급 자격증 시험도 치렀다. 결석을 많이 한 친구를 제외하고 우리 6명 모두 합격증을 받았다. 합격의 기쁨도 좋았지만 젊은 친구들과 어울리는 것이 더 만족스러웠다. 한 명은 열 살 연하이고, 나머지는 스무 살 차이가 났다. 함께 웃고 떠들며 젊은 패기 속에 섞여 있으니, 나까지 젊어진 기분이다. 다 같이 2급에도 도전하기로 했다.

인형도 만들고 동물도 만들었다. 구연동화에 필요한 소품들이다. 부직포를 사다 온갖 모형의 인형들을 꿰매고 붙였다. 새로운 동화를 창작하기도 하고, 구전설화 같은 전래동화를 수집하기도 했다. 내 안에 있던 새로운 나를 발견하는 시간이었다. 너끈히 2급 자격증도 획득했다. 우리는 그동안 배운 걸 토대로 봉사를 해 보기로 했다.

분당에 있는 복지관에서 시연을 했다. 월요일 오전 10시부터 12시까지는 우리 팀이 담당했다. 구연동화를 들려주기도 하지만, 그들을 돌보는 일도 함께 했다. 현장에 와서 보니 기쁘게 봉사하는 이들이 많았다. 다시 보이는 세상이었다. 춤추고 노래하며 구연동화를 들려주다 보니, 2시간이 너무 빨리 지나갔다.

이번에는 우연히 만난 마술사 선생님 덕분에 마술도 배우게 됐다. 그 또한 재미가 있었다. 마술은 무엇보다도 반복연습을 해야 한다. 갑자기 삶이 너무 바빠졌다. 내 첫 공연은 아들과 여직원 앞에서였다. 열심히 하는 엄마를 아들은 늘 응원해 준다. 본격적인 마술에 앞서 어설픈 손동작으로 도입 코멘트를 하며 버벅거리자, 아들이 충고도 한다.

"엄마, 나머지공부 좀 하셔야겠어요."

너무 떨려 마술을 보여 줄까 말까 잠시 고민하다가, 마술 시범을 보였다. 대성공이다. 관객 전원이 환호해 준다. 덕분에 기분이 쭉 올라왔다. 그들을 위해서라도 나는 더욱 열심히 배웠고 연습했다. 스팽클이 반짝거리는 마술사 모자도 구입했다. 복장까지 갖추고 나니, 내가 더더욱 멋있어 보였다. 손자와 손녀에게도 시연을 하니, 칭찬이 쏟아졌다.

"할머니, 좀 한다."

손녀의 말에 큰 웃음이 터졌다. 웃을 일이 없었는데, 마술을 하면서 이래 픽 저래 픽 잘도 웃게 된다.

구연동화는 인형극으로도 함께 했다. 젊은 선생님들이 알아 오는 정보는 참신해서 따라다니기만 해도 즐거웠다. 그날은 성교육이 주제였는데, 유치원과 초등학교 3학년까지 보여주는 인형극이었다. 아기들이 잘 듣고 배운 대로 실천하며 살면 좋겠다.

선생님들과 함께한 2년은 참으로 소중한 시간이었다. 봉사는 상대를 위한 것이 아니라, 나를 위한 일이었다.

남의 편에게 감사

✿ ✿ ✿

　3월 중순인데 때 아닌 장맛비가 내린다. 축축한 날씨 탓에 기분도 엉망이 됐다. 하는 일 없이 빈둥거리는 것도 힘에 겹다. 가만히 베란다 창에 바짝 붙어 앉았다. 뺨을 유리창에 대고 있는데 괜스레 눈물이 난다. 그냥 슬프다. 감정의 기복이 오락가락한 지 벌써 4개월째다. 마음의 갈피를 잡을 수가 없다.

　나는 남의 편인 사람에게 전화 한 통으로 느닷없이 잘렸다. 46년 6개월이라는 시간을 바친 퇴직금도, 그달의 마지막 월급도 한 푼 받지 못한 채 내 인생 전체가 뭉개져 버렸다. 그것도 분했지만 더 억울한 건 대면이 아닌 전화 한 통으로 일방적 해고를 당했다는 점이다. 나라는 존재가 마치 쓰레기통에 버려진 것만 같았다. 그 생각을 하니 하루에도 몇 번씩 감정이 요동을 친다.

　비는 점점 세차게 내렸다. 갑자기 번쩍번쩍 번개가 치더니 우르릉 쾅쾅 천둥소리가 달려든다. 깜짝 놀라 유리창에서 얼굴을 떼고 멀찌감치 떨어졌다. 그때였다.

　순간 믿기지 않는 감사가 따라왔다. 내 오십 년 가까운 결혼 생활 중 정오에 이렇게 뒹굴며 여유를 부리던 순간이 있었던

가. 이 시간이 되도록 잠옷을 벗지 않은 채 게으름을 피울 수 있었던 적이 있었던가. 좋아하는 커피를 이토록 편안하게 음미할 수 있는 시간이 있었던가. 이제는 더 이상 십 원, 이십 원 단가 조정에 골머리를 앓지 않아도 되고, 주변 주유소와의 판매 금액 경쟁에 신경을 곤두세우지 않아도 된다. 이자를 내거나 말거나, 하루하루 매출 걱정을 하지 않아도 된다. 어느 한 순간도 내려놓을 수 없이 내 어깨를 짓누르던 모든 것에서 해방됐다는 게 깨달아졌다.

그뿐인가. 출근을 안 하니 시간의 여유가 생겼고, 그 덕분에 글쓰기 수업을 받게 된 게 지금의 나를 만들었다. 답답하고 미어지던 가슴이 노트를 펴고 펜을 잡자, 누에고치가 실을 자아내듯 술술 글이 써졌다. 하나의 제목을 정하고 글을 써 내려가는 동안은 엉킨 실타래가 풀리듯 멍들고 딱딱하게 굳은 가슴이 조금씩 말랑해지는 것 같았다.

내 것이 아니었던 글쓰기가 어느새 내 안에서 길을 찾아내려고 애쓴다. 시작하면 끝장을 봐야 하는 내 성격도 한몫했지만, 글쓰기는 내 마음을 가라앉히고 정화하는 데 큰 도움이 되었다. 그리고 이제는 기어이 한 권의 책을 펴내고 만들겠다는 일념으로 글 배의 노를 젓는 어부가 돼 있다. 그러고 보니 이 모든 변화는 그토록 미워했던 남의 편(남편) 덕분이 아닌가.

글쓰기와 책 출간은 남의 편이 나를 해고해 준 일에 대해 내가 주는 첫 번째 선물이다. 앞으로 지치지 않고 차근차근 많은 선물로 갚을 것이다. 그가 내 선물을 달가워할지는 알 수 없으나, 나는 지금 내 역사를 다시 만들어 가는 중이다.

미안합니다
✽ ✽ ✽

아이가 생기면 저절로 좋은 부모가 되는 줄 알았다. 그러나 좋은 부모는 거저 되는 것이 아니었다. 그저 자주 불리는 부모라는 호칭에 익숙해졌을 뿐이다. 부모라는 역할을 감히 누가 누구에게 가르칠 수 있단 말인가. 부모가 되고 자식을 키우는 일은 구구단처럼 딱딱 떨어지는 공식이 아니었다. 훌륭한 부모가 되고 싶었으나, 지혜가 부족하고 그 방법을 알지 못해 좌충우돌 수없이 부딪혔다.

그런 과정에서 아이들, 특히 아들들에게 많은 고통과 상처를 줬다. 그러나 지금까지 아들들의 마음을 정확히 헤아릴 줄 모르는 무지한 부모였다. 그저 내가 선의로 했으니 그것은 선이 된다고 믿었고, 내가 최선을 다했으니 결과는 반드시 최선일 거라고 착각을 했다. 그 열정이 넘친 나머지, 앞뒤 좌우도 살피지 않고 과속으로 내달리기만 했다. 그 길의 끝이 어디인지, 어디쯤에서 멈추고 쉬어야 하는지 호흡 조절을 놓친 채 엑셀레이터만 세게 밟은 꼴이다. 옆에 동석하고 있는 아이들의 표정을 살피지 못했고, 어떤 마음일지 미처 헤아리지 못했다.

부모라는 이름으로 실수에 실수를 거듭하면서도 용서를 빌거나 사과해본 적이 없는 듯하다. 그냥 세월이 가면 실수는 묻히고 없는 걸로 되는 줄 알았다. 조금만 더 지혜로운 부모였다면 이렇게 멀리 돌아가지 않아도 됐을 텐데, 그것을 진작 깨닫지 못하고 내 옳음의 잣대로 열심히 진격하기만 한 게 생각할수록 애석하고 미안하다.

특히 갖가지 상처와 고통으로 얼룩져 있을 두 아들을 생각할 때마다 마음이 아프다. 제 아버지의 몫까지 대신해서 무릎이라도 꿇고 용서를 구하고 싶다. 핑계 같지만, 부모가 처음이라 그랬다. 부모라는 이름은 있는데, 부모 역할과 자녀 양육 지침에 관해선 공부하지 못해 더 그랬다.

못난 부모와 가족의 연을 맺어 감당하지 않아도 될 마음의 고통을 받게 해서 미안하구나. 부모로서 미안하고, 엄마로서 미안하고, 몸만 어른이어서 미안하다. 못난 사랑이어서 더욱 미안하다. 아들들아!

> **에필로그**

감사합니다

    돌이켜 보니 참 많이 살았다. 하루하루를 살았을 뿐인데, 벌써 일흔여섯 살이다.
    24살에 결혼하여 조금 더 참고 또 한 발 물러나 주고 살았으나, 아무것도 나아진 게 없다. 바보 같은 세월이었다. 지금 와서 후회한들 무엇이 달라질까.
    이제 살아갈 날이 얼마 남지 않았다. 지치고 힘든 시간을 원망하기보다는 어떻게 해야 잘 살았다고 내 삶에 긍정평가를 내릴 수 있을까를 생각하며 다시 살아 내련다. 아들, 며느리, 손자, 손녀, 친구들, 그들이 있어서 행복하고 감사했다. 그들은 힘겨운 내 삶에 응원과 위로를 건네준 기둥이자 울타리였다.
    난 복이 많은 사람이다. 나를 괴롭히는 사람도 있지만, 날 위해 걱정과 위로 그리고 기도와 축복을 해 주는 사람들이 있어서 행복하다. 그것은 내가 흔들릴 수 없는 이유, 쓰러질 수 없는 이유, 다시 일어나야만 하는 이유이기도 하다.

세찬 파도와 싸우며 억척스럽게 인생의 바다를 헤엄쳐 왔다. 하지만 지금부터는 매 순간 행복을 느끼며, 또 그 행복감을 오래 지켜나가고 싶다. 내게 남겨진 시간을 나를 위해 사용하면서, 저 바닥으로 내동댕이쳐진 내 존재를 일으켜 세워 나갈 것이다.

살다 보니 작은 균열이 커다란 붕괴로 이어지는 일이 많았다. 어쩌면 지금도 그 가운데 서 있다. 그러나 내 노력으로는 그것들을 바꿀 수가 없으니, 더 이상은 어찌할 수 없는 신의 영역이지 싶다. 수많은 노력과 희생으로도 감당이 안 되는 건 마음이다. 상대방의 마음은 그의 것이기에, 내가 어찌할 수 있는 게 아니었다.

진심을 다하고 피나는 희생을 바치면 못 이룰 게 없다는 오만방자한 생각을 이젠 하지 않는다. 그러니 참으로 편안하다. 이 편안함을 이제야 느끼다니, 뒤늦게 철이 든 것일까. 늦게라도 알았으니 발걸음이 엉키지 않게 이제는 또박또박 바른 걸음을 옮겨 놓아야겠다. 소소한 일상에서 아름다움을 느끼며, 작은 일에 감사를 표현하는 할머니로 살아가고 싶다.

이젠 그들의 사랑에 보답해야 한다. 그래서 누군가는 소풍이라고 말한 이 세상의 끝까지 힘을 내서 가볼 생각이다. 또한 나 혼자 가야 하는 긴 여행을 준비해야 한다. 슬프고 불안하고 불쾌한 것들은 모두 태워 버리고, 즐겁고 신나는 기억만을 가진 여행길에 오르런다. 천국 여행을 생각하니, 오늘도 기쁘고 감사하다. 이 시간을 살아 있음에 무한히 감사하다.

폴 발레리 시인의 긴 시, '해변의 묘지' 마지막 연에는 내 마음을 대변해 주는 구절들이 모여 있다.

…

바람이 분다… 살아야겠다!
거대한 대기는 내 책을 펼쳤다 또 다시 닫는다.
가루가 된 파도는 바위로부터 굳세게 뛰쳐나온다.
날아가라, 온통 눈부신 책장들이여!
부숴라, 파도여! 뛰노는 물살로 부숴 버려라.
돛단배들이 먹이를 찾아다니는 이 잠잠한 지붕을!
'바람이 분다. 살아야겠다.'

모든 것에 감사합니다. 모든 이에게 감사합니다.

봄날의 비단구두

ⓒ 염정숙, 2025

초판 1쇄 발행 2025년 12월 15일

지은이	염정숙
펴낸이	이기봉
편집	좋은땅 편집팀
펴낸곳	도서출판 좋은땅
주소	서울특별시 마포구 양화로12길 26 지월드빌딩 (서교동 395-7)
전화	02)374-8616~7
팩스	02)374-8614
이메일	gworldbook@naver.com
홈페이지	www.g-world.co.kr

ISBN 979-11-388-5078-0 (03810)

- 가격은 뒤표지에 있습니다.
- 이 책은 저작권법에 의하여 보호를 받는 저작물이므로 무단 전재와 복제를 금합니다.
- 파본은 구입하신 서점에서 교환해 드립니다.